Claus Dreessen

Hippokratien

D1727316

Kurt Viebranz Verlag

Hippo-
kratien

CLAUS DREESSEN

Impressum

Autor: Claus Dreessen
Herausgeber: Kurt Viebranz Verlag
                        Copyright Mai 2013
                        by Kurt Viebranz Verlag (GmbH & Co. KG)
                        D-21493 Schwarzenbek
                        E-Mail: info@viebranz.de
                        Internet: www.viebranz.de
ISBN: 978-3-921595-61-9

Titelidee: Claus Dreessen
Titelgestaltung: Uwe Hoppe
Innengestaltung: Stefanie Ewald
                        Schreibstil, Interpunktion und Rechtschreibung
                        basieren auf ausdrücklichem Wunsch des Autors.
Druck/Bindung: Digitaldruckerei esf-print Berlin, www.esf-print.de
Titelfoto: © viperaqp - fotolia.com
Rückseite: © vic&dd - fotolia.com

Biografische Information der Deutschen Bibliothek
Die Deutsche Bibliothek verzeichnet diese Publikation in der Deutschen National-
bibliografie, detaillierte bibliografische Daten sind im Internet unter www.dnb.ddb.de
abrufbar.

VIEBRANZ
VERLAG

Inhaltsverzeichnis

Inhaltsverzeichnis

Der Autor Claus Dreessen ist niedergelassener Hautarzt in Hamburg-Bergedorf.

Nach dem Abitur in Husum und vierjährigem freiwilligen Wehrdienst bei der Bundesmarine studierte er Humanmedizin in Marburg und Lübeck. Schon seit früher Schulzeit hatte er Freude am Fabulieren und Formulieren von Reimen, Versen und kleinen Gedichten. Erste gedruckte Veröffentlichungen in lokalen Tageszeitungen, in Druckschriften des Bundesverbandes Deutscher Schriftsteller-Ärzte (BDSÄ) sowie im Almanach deutschsprachiger Schriftsteller-Ärzte 2013.

Verschiedentlich Einzellesungen auf Veranstaltungen sowie auf nationalen wie internationalen Kongressen des Bundesverbandes Deutscher Schriftsteller-Ärzte.

www.dreessendoc.de

Ein jeder Beruf bietet hinreichend Anlässe zu kuriosen Begebenheiten, seien sie ernster oder heiterer Natur. So natürlich auch der Beruf des Mediziners.

Und manches davon ist wirklich des Merkens würdig also im wahrsten Sinne des Wortes merkwürdig. Das können Bemerkungen und Beobachtungen sein, Erfahrungen, Erinnerungen und Erlebnisse, Gedanken oder Geschichten.

Das Blättern in eigenen Aufzeichnungen, das Wiederauffinden so mancher Notiz auf Zettelchen oder Papierfetzen, die in Schuhkartons verschwunden waren, bot Gelegenheit und Fundus genug, die eine oder andere Idee, die dabei spontan aufleuchtete in Reim- und Versform zu notieren.

Die Prosatexte in diesem Büchlein sind eine Auswahl aus Kolumnen des Verfassers, die monatlich seit 2011 im Dermaforum (merumed-Verlag) veröffentlicht werden.

Manch ein Gedicht oder Text mag Ihnen, den Leserinnen und Lesern ironisch, sarkastisch oder zynisch erscheinen. Und genau sind sie gedacht und gemeint, dreist und frech.

Und nun wünsche ich Ihnen die gleiche Freude beim Lesen und Stöbern wie sie mir zuteilwurde beim Verfassen und Zusammenstellen.

Claus Dreessen im Mai 2013

Eine Flugerfahrung

Auf einem Frühjahrsaus-Flug von Hamburg an den Algarve nach Faro, ich hatte soeben den obligaten Tomatensaft verschluckt, war plötzlich die nahezu jeden Leistungserbringer im Gesundheitswesen zusammen-zucken-lassende Durchsage, korrekter gesagt Durch-Frage des Kabinenpersonals zu vernehmen „Ist wohl ein Arzt an Bord?". Umgehend ja fast reflektorisch hatte ich als Dermatologe und Sitz-Riese mich diskret verkleinert und auf dem eh recht engen Mittelplatz zusammensinken lassen in der vagen Hoffnung, ein „richtiger" Arzt befände sich ebenfalls rein zufällig auf dem Wege in die Urlaubssonne. Umgehend versenkte sich mein Blick abgelenkt und angestrengt in das zerknitterte Journal der Fluggesellschaft, welches ich mir mühsam aus dem Rücklehnennetz mit der Spucktüte vor mir herausgefingert hatte. Zugleich linste ich alle paar Sekunden möglichst unauffällig in den Raum, um mich zu versichern, ob ein der von mir imaginierter in Sachen Notfall versiertere Kollege durch den Gang stürmen würde. Bei dem kurz daraufhin zweiten schon ein wenig mahnenderem Ausruf sah ich mich meiner Hoffnungen getäuscht: „Bitte dringend ein Arzt zum Kabinenpersonal!" Also begab ich mich aus meinem Versteck in die Senkrechte und nahm wahr, wie zwei Flugbegleiter mit guten Gesten des Beruhigens einer Person sieben, acht Reihen weiter vorn beschäftigt waren. Zugleich drehten sie die Köpfe wie Erdmännchen in alle Richtungen, um Ausschau nach weiterer Unterstützung zu halten. Na, nun kannst du dich ja wohl nicht weiter herumdrücken. Auf den wenigen Metern dorthin schossen mir fachferne

Fremdbegriffe wie Herzinfarkt oder Lungenembolie wie Blitze durch den Kopf, weil es sich wohl kaum um Juckreiz oder Fußpilze handeln würde. Ach Du meine Güte! Ausgerechnet dir muss so etwas widerfahren! Dir? Mir? Es ging hier schließlich nicht um mich, aber was wird mich gleich erwarten? Was von mir erwartet wurde vermochte ich wohl zu erahnen, jedenfalls zu allererst die Beherzigung des oft gehört wie gelesenen Hinweises: Ruhe bewahren! Ruhe, Kompetenz und Sicherheit vermitteln, egal wie es innen drin sich anfühlt. Eine ältere Dame — vielleicht Mitte siebzig — sah ich erblasst und zusammengesunken im Fensterplatzsitz, den Kopf an die Scheibe gelehnt. Der höflichen Bitte, mich doch kurz zu der Dame durchzulassen mochten die beiden fülligen Herrschaften neben ihr nicht sogleich folgen. „Das geht doch auch so" maulte der männliche Platzbesetzer mir mürrisch entgegen. Okay, dann eben knapper Befehlston, einige Phon lauter und unüberhörbar für die Mitreisenden. Betont allmählich und gemächlich quälten sich „Mitte und Gang" unwirsch aus ihren Sesseln. Immerhin, ein wenig mehr Handlungsraum und Sicht waren jetzt freigegeben. Es ist schon erstaunlich, was noch aus alten Studienzeiten an verschüttetem Restwissen verblieben war und plötzlich wieder präsent werden kann: faziale Hemiparese also Gesichtsmuskellähmung links mit Speichelfluss, Kraftlosigkeit beim Händedruck, die Unmöglichkeit den linken Arm anzuheben und verbale Artikulationsunfähigkeit verdichteten die Verdachtsdiagnose Apoplex, Schlaganfall! Zunächst einmal fort von hier, der Enge der Sitzreihe und aufmerksamer, neugieriger Augen und Ohren anderer Passagiere. Eine weitere Mitreisende, eine ehemalige Kinderkrankenschwester kam hinzu und bot wie selbstverständlich ihre Hilfe an. Welch ein Segen dachte ich und sah mich dieser Situation nicht ganz so alleine ausgesetzt. Mittels Rauteck-Griff bugsierten wir die alte Dame in den schmalen, recht raumbegrenzten hinteren Servicebereich, um sie dort auf dem Boden abzulegen. Sofort erbat ich das Emergency-Kit, den Notfallkoffer. Gereicht wurde von der blutjungen Stewardess ein Erste-Hilfe-Kästchen wie es in jedem Auto zu finden ist mit Mullbinden und Pflastern. Die Frage nach Infusionsbesteck und Volumenersatz – ich drückte mich weitestgehend unmedizinisch aus – wurde mit einem Achselzucken und der wenig erhellenden Antwort „Ich weiß auch nicht so genau ..." quittiert. Wenig später fand sie dann doch einen grauen Kunststoffkasten, dessen Durcheinander ich sofort ausschüttelte, um darin wenigstens irgendein geeignetes Material für einen venösen Zugang zu entdecken. Kein Infusionsbesteck, keine Braunüle, nicht eine einzige Kanüle waren vorhanden! Unterdessen hatte ich den Kabinenchef um Kontaktaufnahme mit dem Flugkapitän gebeten und geraten, unverzüglich den nächstgelegenen Airport anzusteuern und dort einen Rettungswagen mit Notfall-Arzt bereitstellen zu lassen. Dieses wurde ohne Wenn und Aber akzeptiert. Allerdings entschied er, nicht in Paris zu landen sondern nach Deutschland zurückzukehren und so flog er eine Kehre. Frankfurt Airport wurde nicht freigegeben, also ging es Retour, zwar nicht zurück nach Hamburg sondern nach Düsseldorf. Wie nun versorgt unter solchen Umständen ein Hautarzt eine Patientin mit einem akuten Schlaganfall über den Wolken ohne vorhandenes Gerät und geeignete Medikamente? Ein venöser Zugang unterblieb, was blieb war nichts anderes als, körperliche Berührungen, ein von Angst und Befürchtungen ablenkendes beruhigendes Zureden, eine feuchtkühle Serviette auf die Stirn und die überzeugende Versicherung, dass in Kürze in einer spezialisierten Klinik alles erdenklich richtige für sie getan werde. Meine Assistentin, die hilfreiche Krankenschwester hockte sich unaufgefordert auf die Unterschenkel, legte den Kopf der Patientin in Ihren Schoß und streichelte ihr behutsam und fürsorglich die Wangen. Da es nichts spezifisch Medizinisches anzuwenden gab, erschien mir die Entkrampfung der Situation mit ein wenig Humor und Lockerheit im Plauderton die einzig richtige wenn auch einzig mögliche „Notfallmaßnahme" in dieser Lage. Irgendwie muss die endlos erscheinende Zeit bis zur so inständig erhofften alsbaldigen Landung doch überbrückt werden. In Ermangelung sogar eines Piccolos an Bord ließ ich uns einen Pappbecher Cola reichen, welchen ich zu einem Glas Sekt erklärte, um Schlückchen für Schlückchen mit unserer Patientin auf rasche Genesung und ihr Wohlergehen anzustoßen. Sie begann zu lächeln und zu sprechen, wenn auch noch etwas undeutlich. So verging die restliche Zeit dann doch wie im Fluge bis zum Anflug auf Düsseldorf. Neben der Landebahn wartete bereits ein Rettungswagen, der begleitende Notarzt-Kollege wurde kurz über Befunde und Zustand informiert, die Patientin in die nächstliegende stroke-unit, der Spezialabteilung für Schlaganfallbetroffene gebracht. Nach Ausfüllen eines Berichtes mit fünf Durchschlägen starteten wir erneut, um mit viereinhalb Stunden Verzögerung in Faro zu landen. Und hier erst begann eine Folge von mir unverständlichen Absurditäten. Weder die Flughafeninformation noch das Personal am Schalter der betroffenen deutschen Linien-Fluggesellschaft waren in der Lage auch nur irgendeine Auskunft über die Tatsache geschweige denn den Grund der Verspätung ihrer eigenen Maschine zu geben. Die betroffene alte Dame sollte von Verwandten empfangen werden, die sich jedoch, aus Nordspanien kommend, ebenfalls verspätet hatten. Wie ich durch telefonisches Nachfragen in Erfahrung bringen konnte blieben diese Verwandten noch fünf weitere Tage lang uninformiert über den Verbleib ihrer Angehörigen und deren Gepäck. Sie hatten sich mehrfach täglich vergeblich an den Flugschalter und an das in Faro befindliche Büro dieser Air-Line persönlich und fernmündlich gewandt. Null Information hatte man dort. Erst die Klinik in Düsseldorf hatte die beunruhigten Verwandten nach vier Tagen telefonisch ausfindig machen können. Nach Ende meiner vierzehn Urlaubstage hatten die Airline-Repräsentanten in Portugal noch immer keinerlei Ahnung von Gründen der Flugverzögerung und konnten daher keine Auskunft zum Verbleib ihrer Passagierin geben. Zurück in Hamburg ließ mir dies denn nun doch keine Ruhe, deshalb rief ich bei der Fluggesellschaft in Berlin an, gab ich mich als der an Bord ausgerufene Arzt zu erkennen und fragte nach deren innerbetrieblichen Kommunikationswegen, insbesondere warum Angehörige weder am Schalter des Zielflughafens noch im

Stadtbüro Faro noch unter einer Telefonnummer der Air-Line in Deutschland nichts über den Verbleib ihrer erwarteten verwandten Flugpassagiere in Erkundung bringen konnten. Lapidare Antwort: Firmeninterna würden „nach außen nicht kommuniziert". Peng! Die alte Dame hätte ja per Handy ihre Verwandten unterrichten können! Ja, klappt's noch? Meine Einlassung, es handelte sich um eine Schlaganfall-Patientin, die per Rettungswagen in eine Intensivstation transportiert worden sei wurde dreist gekontert: Jeder hat heutzutage ein Handy! Mein Bemühen, jene Mitarbeiterin am anderen Ende der Leitung zu bitten, sich doch nur einmal in die Lage der Patientin oder auch der beunruhigten Angehörigen zu versetzen war ein untaugliches! Deren rotzfreche Feststellung lautete: „Wir reden aneinander vorbei". Meiner nach wie vor noch in höflicher und sachlicher Weise vorgetragenen Bitte um Auskunft, in welcher Klinik die Dame behandelt worden sei und aus welcher Heimatstadt sie käme wurde mit den üblichen Hinweisen auf Datenschutzbestimmungen abgetan. Soso, Datenschutz selbst für sich per Zufall gewordene Bordärzte. Die Geprächsweiterverbindung an die Abteilungsleitung wurde mir schlichtweg verwehrt. Erst mit der Drohung, die miserable Notfallausstattung der Maschine dieser Fluggesellschaft in einer bekannten, auflagenstarken Tageszeitung zu veröffentlichen wurde ich eine Hierarchie-Etage höher verbunden. Immerhin versprach man die umgehende Überprüfung und Verbesserung der Notfallausstattungen sämtlicher Flugzeuge. Auskunft über Klinik, Name und Wohnort der alten Dame wurden weiterhin verweigert. Ein Blumenstrauß als Dank würde in den nächsten Tagen zugestellt werden. Mir war wenig nach Blumen zumute. Der zentrale Rettungsdienst in Düsseldorf benannte mir das Krankenhaus, in welches die Patientin gebracht worden war. Von einer freundlichen und verständnisvollen Kollegin der neurologischen Intensivstation erhielt ich, unter Verzicht auf Datenschutzbestimmungen die Auskunft, dass nach fünf Aufenthaltstagen die Patientin nach Hamburg verlegt werden konnte. Mittels Methode „Versuch und Irrtum" bei der Telefonbuchrecherche gelang das Auffinden die ihrer Fernsprechnummer in Hamburg. Einige Wochen später wagte ich – weniger aus Besorgnis denn aus Interesse oder Neugier – den Anruf und hörte vom anderen Ende der Leitung her eine muntere Stimme, die mir vom weiteren Verlauf des Ergehens seit Verabschiedung auf dem Düsseldorfer Flughafen erzählte. Dank bester fachärztlicher Betreuung hatten sich sämtliche Symptome des Schlaganfalles folgenlos zurückgebildet. So verabredeten wir, das seinerzeit im wahrsten Sinne des Wortes auf der Strecke gebliebene Sekt-Prösterchen gemeinsam nachzuholen. Zwei Menschen hatten eine prekäre Situation überstanden, ein jeder auf seine Weise und eines dabei doch gemeinsam gemacht: eine besondere Flugerfahrung.

Das schöne Wort in der Medizin

Meine sehr geehrten Damen und Herren,
liebe Kolleginnen und Kollegen,

als Gast in Ihrer wunderschönen Stadt am Tejo, Ihrer Hauptstadt Portugals, möchte und werde ich mich bemühen, Ihnen einen kurzen Prosatext zum Thema „Das schöne Wort in der Medizin" in Ihrer Landes- und Heimatsprache vorzutragen. Das Thema impliziert eine scheinbare Wahrheit, eine scheinbare Realität, jene nämlich, die vorgibt oder behauptet das „schöne" Wort existiere tatsächlich, es gäbe es wirklich, unumstößlich, undiskutierbar und wahr. Mitnichten ist das so! Denn eine jede und ein jeder von Ihnen wird seinen ganz persönlichen ureigenen Zugang zu unserem Leitthema gesucht und gefunden haben. Und so werden wir eine Vielzahl schöner Worte auch in der Medizin weiterhin zu hören bekommen in den kommenden Stunden und Tagen. Individuelle Interpretationen und Deutungen, Erinnerungen und Gedanken, Überlegungen und Kreationen. Und so freue ich mich mit Ihnen heute auf zahlreiche schöne Worte aus und in dem Beruf, der uns neben Lyrik und Prosa hier verbindet.

Als ich vor wenigen Tagen mit dem Thema mich näher vertraut gemacht habe, ist mir ein Wort Goethes „Faust" in Erinnerung gekommen! Gestatten Sie mir Johann Wolfgang von Goethes Doktor Faustus zunächst in originaler deutscher Sprache zu zitieren, und sodann in der internationalen Kongress-Sprache

auf Englisch, also spricht Doktor Faust:
Geschrieben steht: am Anfang war das Wort
hier steh ich schon, wer hilft mir weiter fort?
Ich kann das Wort so hoch unmöglich schätzen,
ich muss es anders übersetzen,
wenn ich vom Geiste recht erleuchtet bin,
geschrieben steht: am Anfang war der Sinn.
Bedenke wohl die erste Zeile,
dass deine Feder gar nicht übereile.
Ist es der Sinn? Der alles wirkt und schafft?
Es sollte stehen: am Anfang war die Kraft.
Doch auch wenn ich dies niederschreibe,
schon warnt mich was, dass ich dabei nicht bleibe.
Mir hilft der Geist! Auf einmal seh ich Rat
und schreibe getrost: Ja.
Am Anfang war die Tat!
Zitatende aus Goethes Faust ...
Welches schöne Wort nun ist mir zu unserem Thema einge-
fallen? Ohne, dass ich lange oder viel nachgedacht habe ist
dieses. Saudade.
Ein Wort, welches vor fünf Jahren von einer deutschen Jury un-
ter den zehn schönsten Wörtern der Welt den sechsten Platz
erhalten hat. Und vor acht Jahren war in der New-Yorker TIMES
zu lesen unter dem Titel „top of ten toughts words that have
translators tongue tied" ausgewählt von Dolmetschern und
Linguisten dieses Wort, welches zu den zehn unübersetzbaren
Worten der Welt gehört !

Der Sänger Chris Rea gab einem seiner Musikstücke dieses Wort als Titel und ein in Paraguay geborene Gitarrist komponierte einen Choro, der heute zum Repertoire vieler Konzertgitarristen gehört. Saudade.

Es war Ihr Dichter Fernando Pessoa der seinerzeit geschrieben hat:

Saudades, so portugueses
Conseguem senti-las bem
Porque tem essa palavra
Para dizer que a tem!
Saudade, mein schönes Wort in der Medizin!

Mag es etymologisch abgeleitet sein vom lateinischen solitudo, der Einsamkeit, dann denke ich an die „Einsamkeit", die manch ein erkrankter Mensch verspürt, wenn er mit einer aussichtslosen Diagnose so plötzlich sich selbst überlassen ist. Ich denke an seinen Schmerz, möglicherweise dieser Welt nicht sehr lange mehr angehören zu dürfen. Ich erahne seine Sehnsucht nach Heilung. Ich sehe auch seine Sehnsucht nach einem anderen Menschen, der Ihn vielleicht in diesen schweren letzten Stunden begleiten wird, auch spüre ich seine Sehnsucht, selbst wenn ihm in seinem bisherigen Leben die Rückbindung, die re-ligio versagt geblieben ist, vielleicht doch aufgefangen zu werden in einer großen Hand oder einem Land voller Licht und Herrlichkeit. Da sind seine Wehmut und Traurigkeit, die in ihm aufkommen, wenn er an Verlorenes denkt oder an noch Unerledigtes oder an ungelebtes Leben. Da ist vielleicht auch eine sanfte Melancholie, die dieser Mensch erfährt, wenn er sein Schicksal angenommen hat.

Eine sanfte Melancholie, welche aber genauso aufkommen mag, wenn er geheilt worden ist und an diese schweren Stunden seiner Erkrankung sich zurückerinnert, wenn er vielleicht verstanden hat, nicht die Frage zu stellen: Warum ist mir das geschehen? Eine Frage die in die Vergangenheit gerichtet ist, sondern in der Lage war, diese Warum-Frage zu transzendieren nach der anderen Frage, derjenigen die in die Zukunft oder in das Jetzt gerichtete Frage: Wozu? Was mag der Sinn gewesen sein meiner Erkrankung? Wozu hat sie mich herausgefordert? Nicht ich, meine Damen und Herren weiß eine Antwort darauf, eine Antwort vermag nur ein jeder für sich selbst zu suchen und zu finden! Einsamkeit, Wehmut, Traurigkeit und Schmerz in der Welt und an der Welt mögen auch wir Ärzte und Begleiter hin und wieder empfinden. Dann nämlich wenn wir an unsere medizinischen oder ureigenen Grenzen in der Betreuung und Behandlung unsere Patienten gestoßen sind. Wenn wir ohnmächtig sind, ohne Macht, wenn wir glauben versagt zu haben oder nichts mehr tun können! Oder auch in der Erinnerung an Situationen, in denen wir nichts getan haben, obgleich wir noch etwas hätten tun können!

Auch in diesen Situationen mag den einen oder anderen von uns eine Art Saudade befallen, einen Sehnen nach Tröstung vielleicht, eine Traurigkeit über eigene Unzulänglichkeit oder Versäumnisse, ein Schmerz im Herzen, ein Gefühl des Verlassenseins.

Zugleich aber trägt und klingt für mich in diesem Wort Saudade auch das schöne Wort Saude Gesundheit, Wohlergehen und schließlich der portugiesische Trinkspruch, der eigentlich einen Segenswunsch für den Gegenüber enthält: Es möge Dir wohlergehen, Dir wünsche ich „Gesundheit" Saude! Und somit, liebe Kolleginnen und Kollegen insbesondere Sie, liebe Gastgeber hier in Portugal habe ich Sie bestohlen! Ich habe Ihnen Ihr Wort Saudade gestohlen und für mich adaptiert, nicht nur für diese Kongresstage. Saudade, das ist mein schönes Wort, auch in der Medizin! Und wenn ich Interpreten des FADO höre, dann deute ich es nicht ausschließlich als ein rein persönliches Gefühl der Sänger und Sängerinnen, nicht ausschließlich als alleine Portugal gehörig und zugehörig. Nein ich habe es auch nach Deutschland ins regnerische Hamburg importiert, aber nirgendwo verstehe und inhaliere ich so nahe wie bei Ihnen hier, hier in diesem Land, das ich lieben lernen durfte seit nun mehr als fünfzehn Jahren, auch wenn ich es nie ganz verstehen werde. Und das ist gut so! So bleibt mir meine Saudade nach Portugal und seinen Menschen hier im Land Lusitaniens, nach dem Algarve, nach Lagos, nach dem Alentejo, nach Nazare oder Coimbra, vor allem aber nach Lisboa, nach Lissabon, der für mich schönsten europäischen Capitale. So möchten ich Ihnen zurufen: Muito Obrigado e Saude!

Lesung anlässlich des Jahreskongress 2012 des internationalen Schritfstellerverbandes UMEM.

Dank an einen Operateur

Mein Herz
er hat es herausgerissen
im allerletzten Augenblick
daran gesäbelt und geschnitten
dran präpariert, den Fels zertrümmert
ehe dieser von mir in mich fiel
mich abgeschnitten und verstopft.
Der war zu plump
zu schwer geworden
aufgefüllt und angefüllt
zu satt an Tränen
die versteinert
die er so geschickt zerkleinert
die endlich wieder fließen können

füllen eine kleine Nordsee
Mordsee bis an Deiches Krone
wo Hauke Haien, Schimmelreiter
geheimnisvoll und stark zugleich
verlässlich
im schwarzen Umhang
verborgen
Lebensängste, Nöte, Sorgen
meine Schatten und mein morgen

reitet weiter
fliehet weiter
bis heim in sein dunkles Reich.

Ostern, Ich bin auferstanden
und befreit
so erfreut
Danke Ihnen, Danke Dir
Deiner Hände Präzision
Deiner Kunst und
Deiner Sendung
Du warst richtig
da im Nu
Du bist wichtig
Du bist richtig
Bruder Arzt
Du warst mein Du

Deine Kraft und Deine Ruhe
Dein stilles Strahlen
Sicherheit
Verlässlichkeit
die Du schenktest
taten wohl mir

meiner Seele
wenn ich diesen Tag erinnere
dies Dein Sein
wurde Vor-Bild mir
davon gebe ich nun weiter
was erfahren ich von Dir
leiser, weiser Mann!

Mein Herz
es schlug in Ihren Händen
Ihnen war es ausgeliefert
darin geborgen
massiert, gestreichelt
behütet, gehütet
siehe, es weichelt
meines Daseins größter Schatz
darin hast Du Platz geschaffen
Leben gegeben
darin nun auch
Deinen Platz
Junker Jörg
Danke.

*Mit dankbarer Erinnerung an den 5. November
2001, Herrn Professor Dr. med. Jörg Ostermeyer
zugeeignet. Ostern 2012.*

Schwermut

Gefangen in eigenen Ketten
Kaum noch Schlaf schleichender Tod
In Zigaretten
Obst? Igitt
Bewegung? Pfui
Gelesen? Was?
Vergessen, fort und hui
Träume wirr und ohne Ende
ohne Beginn
gefesselte Hände
trockene Tränen schal jeder Wein
zero Blick für ein Befreien
roboterhafte Marionette
und immer wieder Zigarette
Freitod auf Raten
Gevatter Hein mit Sarg und Spaten
er äugelt schon
bald wirst Du stinken
die knöchernen Finger wie sie winken
So nicht! Schallt da ein Halt!
Getankt, getanzt und auserkoren
wieder einmal neugeboren
aus eigenem innerem Dschungelwald

Im Koma

Im Koma wurde ich geheilt
von Schwermut
von Melancholie
begann zu singen
zu schwingen
nach meiner Lebensmelodie
ich fand mich
lebenslustig wieder
mitten auf der Blumenwiese
am Murmelbach
auf Felsenhöhen
mochte gehen
wieder stehen
widerstehen weichem Ach

Schmecken, schmettern
schreiben
fließend mich
durchs Leben treiben
lachen, laufen
leben lernen
mich verbinden
mit den Sternen
tänzelnd träumen

von Plejaden
von Jupiter
und von Saturn
von neuen
unbegangenen Pfaden
von Sonnenwind
von Deiches Sturm
vom gelben Raps
von Blau-Lupinen
vom Ozean
und Wild-Delphinen
von Weißkopf-Adlern
Wölfen, Walen
von Pyrenäen
von den Anden
von losgelösten
eisern Banden
von Ketten
welche fort genommen
vom Krafttier
schwarzer Bär
Gedanken rasen
hin und her ...

Nun naht die Stille
wie zum Sterben
wenn ich dran bin
bin ich dran
halte inne
halte ein
es geschehe nur
DEIN Wille
hauch Leben aus mir
hauch es ein

Der Klumpen Lehm
den Adam atmet
Eva flüstert Leben ein
heute bist Du
neu geboren
heute ist täglich
täglich Dein !

Leere

Leer die Flasche
leer das Glas
leer der Sinn
leer der Gedanke
leer die Liebe
leer der Hass
Leere

geborgen

In dir geborgen
in deinen Armen gewärmt
dein Lächeln erweicht
deinen Atem am Ohr
Haut in meiner Hand
glückreiche Stunde
in DIR geborgen
Einsamkeit
schmeckt anders

Raus und frei

In meiner Nase ein blinder Wurm
vom aggressiven Adenom
so feist und fett wie Obelix
wohl zwanzig Jahre schon
hat mir gestunken und gerochen
aus Stirn- und Nebenhöhlen
aus Sieb- und Keilbeinknochen
hat Knochenzellen weggefressen
in Schädelbasis, münzengroß
ein Loch genagt und darin hingen
zu sehen für den HNO
grüngräuliche Meningen
der schabt und kratzt und kürettiert
es raus aus meiner Birne
und mitten im Narkoseschlaf
vernahm ich die Gestirne.
Darauf hat sie entschläfert mich
die Kollegin für Narkosen
ich atme wieder freiheitlich
in meinen Kunststoff-Windelhosen
im blassen Flügelhemd mit Sternchen
vorne dicht und hinten offen
ich mag die gar nicht gernchen
egal, der fette Alien
riecht jetzt beim Pathologen

wird dort gesäuert und gefixt
für gutartig erwogen.
So war das in Jerusalem
bei fürsorglichen Lieben
weil ich brav und artig war
bin ich nur kurz geblieben
und freue mich war nix vergebens

Die Tödin

Lilith-Isis
die dreizehnte Fee
steht an der Wiege
erwartet
die Ankunft
Lilith
die Freundin
des Atems
die Tödin
aller Orgasmen
mein Juwel
komm Tödin
bleibe
bei Nacht

Die Tränen des Manitus

Virginias Blätter
zart und grün
schenkten Frieden den Apachen
den Navajos, den Huronen
die frei, wild und nackt
auf ungezähmten Mustangs thronen
zu ihren Büffelherden zogen

bewacht von ihrem Manitu

Bis die Zähmer bleichgesichtig
ihnen ihre Namen nahmen
ihre Freiheit und ihr Land
Tipis Totem Feuerbrand
sie schossen und sie schlugen zu
Felder brandeten sie nieder
verfolgten Squaws und ihre Kinder
zerfetzten ihre Herdenrinder

zornig grollte Manitu

Sie brachten ihnen Feuerwasser
bis die in Räuschen sich versumpften
versklavten sie ins Reservat

es geiferten die weißen Hasser
der roten Männer Mienen stumpften ab

Nicht Kampfgeheul Indianertänze
zertrampelt Weißer Adler stumm
traurig-wütend seinen Horst
bis die Aschen fahl erkaltet
ihre Totems waren bald
farbenlos verkohlt

Rache wispert Manitu

Sie lutschten an den Friedenspfeifen
inhalierten deren Rauch
kultivierten, züchteten
den zarten Leib Virginias
entführten aus dem Land der Zelte
das Gift der Sucht
in alle Welt
es bahnt sich seinen Weg
wie Sandlawinen
Eastword hoo

Weglächelnd ich darüber lache
und sauge fest an Zigaretten
dreihunderttausend inhaliert
nein, beweine keine Rache
habe täglich mich verführt
Sucht-los, zuchtlos
Qualm in Ketten

Gelbe Finger zittern falben
wenn es eisig ist und friert
Raben werden aus den Schwalben
immer wieder inhaliert
blutleer hinken die Gebeine
die Luft wird dünn bei jeder Stiege
Stoß-Gekrächze, das ich meine
kein Weg zurück mehr in die Wiege

Ein Krebs schleift munter seine Scheren
Kurzweil ist sein Zaubersinn
vergeblich sich die Bronchien wehren
die Atemlunge zieht sich zu
Das Gift aus Westen, aus Virgin..

Regen weint der Manitu

Der alte Fluss

Ans Ufer schwappt die Welle
den allerletzten Gruß
jetzt harrt er auf der Stelle
er ist nicht mehr im Fluss

Alt ist er und müde worden
der ehedem breite, weite Bach
gestürzt vom Berge einst gen Norden
mit Todesmut, jetzt kräfteschwach

Da schwoll und überquoll er Wiesen
er kämpfte Kaimauern entgegen
er tanzte wenn die Stürme bliesen
die seinen Fluss weit überdauern

Sein Ende naht, er trocknet aus
zu leichtgewichtig für sein Lager
er findet nicht den Weg nach Haus
alt magerknochig hager

Da dämmert er im Abendhauch
nur vor sich hin, es nickt
am Uferrand ein dürrer Strauch
ihm seinen Gruß zurück

Patina

Im vergangenen Sommer war ich in Südfrankreich. Wie alle
kam ich beseelt zurück, schwärmte von verwinkelten Gassen
provenzalischer Bergdörfer und von mondänen Landhäu-
sern mit Blick auf die Kot d'Azur und vor allem von Aix en
Provence wie andere von Venedig. Aix-Venedig, Venedig-Aix
... also das war ja ... wow! Aix! Neben den scheinbar unver-
zichtbaren Hinweisen auf Touristenplagen und Taubenströ-
men (oder war es umgekehrt?) gab es an Gebäuden jegli-
cher Funktion vor allem eines zu loben: diese wunderbare,
einzigartige, unvergleichliche Patina! Hmm, Patina, soso, mal
ganz ehrlich: Patina ist wahrscheinlich die euphemistischste
aller Wortmeldungen zum Thema Heruntergekommenheit.
Wenn Patina heißt, dass offensichtliche Verwahrlosung plötz-
lich „in Würde und Schönheit altern" bedeutet, dann fallen
mir spontan eine ganze Menge akuter Patinafälle ein wie so
manche männliche wie weibliche Kollegen, Patienten, Politiker,
vor allem aber die Avus-Tribünen in Berlin, das Schanzen-
viertel in Hamburg, Ozzy Osbourne oder Zsa Zsa Garbor.
Ein schmaler Grat ist das mit der Patina; und überhaupt mit
Begriffen und deren Deutungen. Denn es ist ja nun häufig
genug der Fall, dass man mit zwei ungleichen Wörtern über
das Gleiche spricht, man aber in der Tat etwas Ungleiches
meint, man eigentlich komplett auseinander ist. Beispiel: eine
liebe, gute Freundin versichert, dass sie eben ein sehr kom-
munikativer und emotionaler Typ sei, wenn ich ihr gerade
wieder einmal vorgeworfen habe, anstrengend zu sein ...

Im Fußball ist das schon fast ein running gag, sagt doch der Trainer nach der x-ten Heimniederlage „Isch han Vertrag", und der Sportdirektor versichert: „Wir haben keine Trainerdiskussion und gehen davon aus, dass Herr Sowienoch auch am Montag um zehn Uhr das Training leitet", ja, dann kann Herr Sowienoch gleich aus der Juniorsuite des Parkhotels auschecken, den Mietvertrag seiner schicken Doppelhaushälfte in der Neubausiedlung kündigen und den A8 zurück ins Leasing geben und dann mal sehen, ob er aus 'm KiTa-Vertrag oder dem Tennis-Golfclub einigermaßen flott herauskommt. Aus und vorbei. Beide sagen etwas anderes, wissen aber vermuten zumindest, dass sie vom Gleichen sprechen.

Gelegentlich aber sagt man auch das Gleiche, nein man verwendet das gleiche Wort und versteht etwas völlig anderes darunter. Beispiel: der Begriff „Arbeit" könnte ja in Davos, mit MacBook Air, Club Mate und weißen earplugs bewaffnet, vermutlich etwas anderes bedeuten als im Straßenbau oder an der Aldi-Kasse.

Komisch? Nee, richtig kompliziert wird erst im Zwischenmenschlichen, wenn beide wissen, dass sie das Gleiche sagen, aber etwas anderes meinen und dieses mit Gleichmut hinnehmen, das hieß früher Modus vivendi, heute: Agreement. Wenn solches aber nur eine Seite kapiert hat und das Hinnehmen erst mal unilateral ein Ende nimmt, dann ist der Zug kaum noch aufzuhalten. Man nennt das zunächst Krise, später wahlweise „sich wieder zusammenraufen" oder: Trennung.

Wenn beide es nicht checken, nennt man das wohl das vollkommen irdische Glück oder weniger pathetisch: eine funktionierende Partnerschaft und ist erst mal zu beneiden. Das geht dann so weiter und nicht selten auch gut, bekommt höchstens vielleicht, na was wohl? Eben: a bisserl Patina. So seh ich das.

Rentner! Bravo!

Sie kennen die „Rentner-Bravo" noch nicht? Die Apotheken-Rundschau? Dann empfehle ich Sie Ihnen neben Fachjournalen zur gelegentlichen Lektüre. Mit einer monatlichen Auflage von in Worten zehn Millionen (!) Exemplaren erscheint sie vierzehntägig und liegt für Sie und Ihre Patienten in Apotheken zur kostenlosen Mitnahme bereit. Gut einhundert Seiten hat eine jede Auflage, deren Inhalte neben einem medizinischen Hauptthema auch Rubriken enthält wie Forschung & Wissen, Leben & Genießen, Rat & Hilfe, Reisen & Rätsel, Natur und Aktuelles. Ein Artikel aus dem Bereich der Dermatologie ist nahezu jedes Mal dabei, dennoch erstaunlich geringe Anzeigenwerbung. Die unser Hautfach betreffenden Themen, darin kenne ich mich ein wenig aus, sind gut recherchiert und klar und laienverständlich dargestellt. So nimmt es denn nicht wunder, dass eine nicht unbeträchtliche Zahl von Patienten hierzu nachfragt und um Kommentierung oder Stellungnahme bittet. Darauf vorbereitet zu sein erachte ich für nicht schädlich, zumal ein informelles, praxisinternes update zu neuesten Diagnose- und Behandlungsverfahren aktuell und zeitnah wahrgenommen werden kann. Dies nur mal so nebenbei bemerkt. Anderseits findet sich in den Gesundheitssparten der Laien- oder Regenbogenpresse eine Menge Unfug, zumeist kaschiert unter des seiner Kleinheit der Versalien wegen kaum zu entziffernden Hinweises: „Anzeige"! Auf Deutsch Firmenwerbung! Ganz groß im Kommen sind die vielfältigen Warnungen vor den bösen

Bakterien, den popolären Pilzen wie vor verhängnisvollen Viren. Und wo die sich all überall sammeln und tummeln. Für jeden locus und Lokus gibt's ein Wunderspray zur Desinfektion und, man lese und staune, jawoll sogar zum Erreichen von Sterilität! Soso, Sterilität also für Türklinken, Fernbedienungen, Klobrillen, Urinale in Kneipen und Kevins Pipi-Töpfchen, da können wir dann ja ganz beruhigt und angstfrei loslegen. Der Phantasie werden fürderhin keinerlei Grenzen gesetzt, selbst auf Fitness- und Sportgeräten, Auto- und Fahrradlenkern ja sogar in Zahnputzgläsern so wird uns weisgemacht lauern diese gefährlichen Verfolger wie Aliens aus dem All, uns den Garaus zu machen. Dann sprüht mal schön und „sterilisiert" alles Drum und Dran. Und bitte vergesst nicht, der allmorgen- oder abendliche artige Begrüßungskuss, der geht schon gar nicht ohne zuvor…, Sie verstehen schon. Hierbei gelten unterschiedliche Ansichten bei den Damen und Männern hinsichtlich des gutdeutschen Reinlichkeits- oder Reinheitsgebotes. Die Wäsche hier und dort das Bier nach dem Motto: lieber mit allen Wassern gewaschen als nicht ganz sauber. So war in der Rentner-Bravo kürzlich zu lesen, dass gut vierzig Prozent der Damenwelt in Bahn und Bus den Kontakt mit Tür- und Torgriffen, ja sogar mit Kopfstützen zu vermeiden suchen, von den Herren der Schöpfung waren dies mal gerade knappe zwanzig Prozent. Und weiter schreitet voran die Frauenpower, welche im Gegensatz zu Ihren Gatten sich umgehend die Finger waschen möchte nach Benutzung von Geld- oder Fahrscheinautomaten. Auch

scheinen sie verführt und versucht bei Begrüßungszeremoni-
en das Händegeschüttele zu vermeiden. Manus manum lavat
gilt nicht länger. Na denn. Denn will ich mal schließen mit
dem einem Zitat vom guten ollen Goethe: „Seid reinlich bei
Tage und säuisch bei Nacht, so habt Ihr's auf Erden am wei-
testen gebracht". Noch Fragen? Dann bei Arzt oder Apothe-
ker umschauen! So seh ich das.

Dermatolügen mit Haut und Haaren

schwarz

Für Urlaubsbräunungen, meist junger Leut Ziel
bezahlen die teuer und heuer heut viel
für strahlende Wonnen
von Solarien und Sonnen
schwarzer Hautkrebs hat da leichtes Spiel

egal

Bei Patienten besonderer Klassen
da kann man schon manchmal erblassen
die sind nicht immer reinlich
denen ist das nicht peinlich
denn es zahlen ja alles die Kassen

glatt

Da war ein Patient aus Laare
dem fehlten sämtliche Haare
weil er keine mehr hatte
putzt nun er die Platte
mit Schuhcreme erstbester Ware

kraus

Ein anderer, der aus Zanzen
der ließ sich Haare verpflanzen
von der Scham auf den Kopf
der arme Tropf
der hat dort nun fusselige Fransen

gelb

Und eine Dame aus Timmendorf
die hatte am Kopf
einen schlimmen Schorf
täglich badet sie ihn
im Eigen-Urin
das riecht schon sehr anthropomorph

tja

Hein Seemann vom Kahn Olle Dose
kam zum Doktor mit feuchter Hose
„...das kommt vom Kosen
in fremden Schoßen
nu haste ne Gonokokkose...!"

schön

Ein Doktor von Hallig Hooge
der wurde Dermatologe
er fand es zu schön
auf Hautschau zu gehen
viel schöner als Welle und Woge

joy of toy

Eine Dermatologin aus Huppen
die spielte als Kind gern mit Puppen
jetzt bevorzugt sie Leute
an deren Haare und Häute
spielt sie heute mit Pusteln und Schuppen

diagnoversiert

Ein erfahrener Hautarzt aus Focken
sah auf seiner Nase hocken
zwei Pickelchen, rosa und trocken
da war er denn doch von den Socken
er hielt sie tatsächlich für Pocken

gründlich

Eine private Ärztin für Häute
die testete alle Leute
ob Akne oder Mal
das war ihr egal
allergologisch, am besten noch heute

reichlich

Ein Allergologe aus Kroll
der hegte heftigen Groll
seine Nase geschwollen
von Schimmel und Pollen
die hatte er davon voll

eiskalt

Ein Mykologe aus Küthen
züchtet Hefen und Dermatophyten
sein Labor brannte ab
das brachte ihn ins Grab
da kann er nun Würmer bebrüten

haarig

Ein Haarspezialist aus Brücke
griff in des Schopfes Lücke
er riss daran zu fest
wie es belegen sich lässt
es war nämlich eine Perücke

leise

Ein Onychologe aus Pagel
bearbeitet jeden Nagel
mit Fräse und Schere
man staune und höre:
es rieselt ein Pilz-Puder-Hagel

hot

Ein Bestrahlungs-Spezi aus Hofen
der vergrillte die Häute im Ofen
UV-B, UV-C
ooh jemine, tat das aber weh
nun ruhen sie im hölzernen Alkoven

cave

Ein munterer Hautarzt aus Runge
abstrichte von Penis und Zunge
bei jungen Eleven
die Schimmel und Hefen
nun hat er die selbst in der Lunge

üben

Eine Dermato-Chirurgin aus Kahl
zersäbelte jedes Mal
zu knapp die Pigmente
ihr fehlt's am Talente
das war für manche fatal

altersarm

Der Schönheits-Arzt Vago ver Walten
vernäht sämtliche Ritzen und Falten
bei jung oder alt
das lässt völlig ihn kalt
heraus kommen nur arme Gestalten

for ever young

Und die Anti-Aging-Ärztin aus Kalten
botoxte vielfältige Falten
derart beherzt
dass die Geldbörse schmerzt
bei verjüngten doch immer noch Alten

heiß

Ein Phlebologe aus Feiser
verlasert die Besenreiser
mit Gezisch und Geknalle
verkohlt er sie alle
jetzt benötigt er Tranquilizer

unentwegt

Ein Gefäß-Spezialist außer Haus
der strippt auf Teufel komm' raus
krampf-adrige Venen
bei den Reichen und Schönen
nun sind die arm wie ne Maus

geschlechts-spezifische

rationell

Der Venerologe aus Kullen
schaut emsig in die Pi-Pullen
während er uns erzählt
wie die Gonokokken er quält
muss der ‚Nächste bitte' schon strullen

ewige Ruh

Ein alter Geschlechtsarzt aus Essen
der konnte es niemals vergessen
drum trug er vorn vor
einen Trauerflor
weil die Syphilis ihn dort abgefressen

heile, heile Segen

Bei der Venerologin in Heucheln
erscheinen die wundenen Eicheln
die wäscht sie adrett
nimmt mit sie ins Bett
und tut dann heile sie streicheln

acht-ertorpedos

zu flott

Ein Seniorenathlet aus Schauf
hatte flüssigen Durchfall zuhauf
und zwar so enorm
der kam nicht bin Form
für den letzten Ausscheidungslauf

königlich

Bei einem Darmspezialisten in Suhl
kam Kurt König mal auf den Stuhl
zwischen seinen Falten
konnte er's nicht mehr halten
da kam echter Königstuhl

charmant

Ein Proktologe aus Sassen
betrachtet die Kunden gelassen
von hinten, mit Charme
schiebt er das Rohr in den Darm
jetzt können sie Luft wieder lassen

abgasfest

Ein Proktologe aus Bieden
der prokelt an Hämorrhoiden
schiebt von rechts sie nach links
wobei etwas stinkt's
doch furzen sie alle zufrieden

vorarbeiten

Und sein Kollege aus Suhlen
ein Kenner ältester Schulen
Spezialist für gut kacken
arbeitet sich durch die Backen
um danach im Popo zu pulen

handwerklich

Ein weiterer Proktologe, der aus Brisken
der schnippelt und schnitzt an Marisken
so lange herum
bis sie aussehen wie Blumen
wie leuchtend rote Hibisken

du, Pappi?

Und ein Popologe aus Sintern
werkelt auch sich durch manche Hintern
fingert hier, fummelt rum
im Auspuff-Gebrumm
fummelt da, fingert dort
es wird gebohrt und geschmort
das macht der nun sommers wie wintern
das bereitet ihm Spaß
doch frage ich mich was:
wie erläutert er deen Job seinen Kindern?

tja

Und der letzte vom Fach, der aus Karsch
der fluchte und schimpfte so barsch:
„Wat icke täglich hier mache
is doch keene Sache
det ist doch voll für'n Arsch"

furchtbar fruchtbar

bekannt

Ein Androloge aus Kamen
zählt täglich die Spermien im Samen
zwischen Daumen und Fingern
am Schwänzchen sie schlingern
alle kennt und benennt er mit Namen

vorfreudig

Ein Fertilitäts-Arzt aus Kaschen
füllte Samen ab in Flaschen
der Rubel rollte
denn wer Nachwuchs wollte
der sollte ein wenig dran naschen

ab- und unterwärts

dufte

Ein gepflegter Urologe aus Kase
der hat eine sehr feine Nase
die benutzt er nicht gerne
denn schon aus der Ferne
riecht er: „..der hat's an der Blase"!

na dann man nah ran

Ein alter Urologe aus Soden
krabbelt auf Knien über den Boden
er ist sehr kurzsichtig
und übergewichtig
grabbelt so besser herum an den Hoden

Feinarbeit

Ein Urologe aus Pose
kümmert sich um ne Paraphimose
er zuppelt dran vorlaut
an der verlöteten Vorhaut
jetzt baumelt sie wieder lose

überrascht

Einem Urologen aus Führt
zum Nachwuchse man gratuliert
zu Drillingen heute
was so recht ihn nicht freute
seit Jahren ist er sterilisiert

praktisch

Eine MTA aus Helle
die zählt im Urin jede Zelle
Ihr Labor-Reservoir
ist ein Pissoir
da sitzt sie direkt an der Quelle.

sechs Freunde

Die sechs Gynäkologen aus Zaus
die igeln auf Teufel komm raus
in ihrem Städtchen
bei großen Mädchen
füllen so sich Scheuer und Haus

migranten-hintergründig

Ein gebräunter Frauenarzt aus Sahm
mehrere Frauen zur Frau er sich nahm
so ganz ohne Scham
er war polygam
weil er aus Arabien kam

fein

Ein Gynäkologe aus Kille
blickt über die randlose Brille
abstinent und kühl
distanziert und steril
dann verschreibt er nur noch die Pille

fabelhaft

Der Frauenarzt Adebar Abel
arbeitet meistens abwärts ab Nabel
gern wird er gesehen
zwischen der Damen Großzehen
doch er meint das sei eine Fabel

musikalisch

Ein Gynäkologe aus Klett
zog die Damen aus und ins Bett
seine speziellen Qualitäten
gingen dabei ihm flöten
jetzt flötet er in einem Sex-tett

tv

Einem Gynäkologen aus Hamm
steht ständig sein Abraham
in der Sprechstunde stramm
doch daheim bei Madame
gibt's statt Tamtam
nur das Fernsehprogramm

(un)erträglich

Ein Diätologe aus Zahn
der futtert ständig vegan
der mampft nur Salat
aus trocknem Spinat
mein Gott, was tut der sich an

paradiesisch

Ein Anästhesist aus Schleiden
der konnte den Adel nicht leiden
mit 'ner Baroness
macht er kurzen Prozess
und lässt ins off sie gleiden

knacks

Ein Kardiologe aus Kamen
verehrte besonders die Damen
er brach ohne Scherz
von April bis März
jedes Kamener Herz
aller Damen in Allahs Namen
Amen

pfffffff

Ein Pulmologe aus Hauchen
der tat wie eine Dampflok rauchen
zerfetzt sich die Zunge
die Bronchien, die Lunge
man hört schon von Ferne ihn fauchen.

leer

Ein Neuchirurg aus Firn
operierte ständig im Hirn
einmal fand er da nix
und so schloss er fix
es zu mit Nadel und Zwirn

nebenbei

Ein Hypnose-Arzt vom Fach
zu seinen Klientinnen sprach
machen Sie nebenbei
sich schon mal ganz frei
gleich werden Sie müde - und schwach

bar

Ein Psychotherapeut aus Hürth
wurde von einer Klientin verführt
schon mehrermalen
nun muss er bezahlen
sie ist nämlich prostituiert

grins

Ein schöner Zahnarzt aus Peene
zeigte allen die gebleckten Zähne
seinen kräftigen Biss
da bekamen die Schiss
und nahmen in die Hand ihre Beene

aua

Eine Stomatologin aus Oppeln
tat in den Gebissen rum poppeln
eine Lokal-Anästhesie
verabreicht sie nie…
vor Schmerzen sie hoppeln und zoppeln

intestinal

Einem Kassenarzt aus Plau
dem wurde zunehmend flau
als er sah sein Budget
tat der Darmtrakt ihm weh
und dann schiss er auf die KV

gründlich

Ein Arzt der Medizin für Betriebe
erhielt vom Betriebschef Hiebe
er ließ nie von hinnen
die Mitarbeiterinnen
seiner Triebe wegen aus Liebe

hilfsbereit

Einer Krankenschwester aus Horn
der waren im Auge ein Dorn
die jungen Doktoren
die unverfroren
sie baten: mach's noch mal von vorn

ooh

Dem flotten Doktor aus Moor
führte Pornofilme man vor
den sahen die Leute
was gar nicht ihn freute
er kam nämlich selber drin vor

Ferien oder Urlaub?

Schon vorbei oder noch davor? ... „Raus aus dem Urlaub, rein in die Arbeit" oder „Raus aus der Arbeit, rein in den Urlaub"?
Wie mag es Ihnen ergehen vor Ihren schon zur Hälfte entleerten oder noch halb gefüllten Gläsern mit Bordeaux, Retsina, Montepulciano oder Bahndammer Schattenseite? Von Erholungs-, Genesungs-, Jahres-, Mutterschafts- oder Restferien wird üblicherweise nicht gesprochen aber vom Urlaub, dem gesetzlich berechtigten Fortbleiben „ ... der steht mir zu" vom Arbeitsplatz. Welch paradiesische Zustände wir doch haben verglichen mit den USA oder Japan, ganz zu schweigen von jenen Nationen, in deren Sprache der Begriff Urlaub überhaupt nicht existiert. Olympisch besehen besetzen wir den undankbaren vierten Rang der Freizeit-Weltspitze mit circa dreißig Freitagen plus zehn gesetzlich verordneter Feiertagen und nach fünfundzwanzig Dienstjahren Freude über Ferienspaß von sechsunddreißig plus Feiertagen, danach Feierabend! Selbst-ständige Freiberufler bestimmen nach Gutdünken oder Geldbeutel ihr Fernbleiben aus der Praxis und die Fern- oder Nahziele der Ferien. Spannungen aufbauen, etwas erleben oder nur ganz einfach leben, laisser-faire, easy-going und entspannen, sich etwas holen oder erholen? Für manche ist das jedes Jahr die gleiche schwierige Entscheidung, für andere kein Problem.
„action"! als Aktion oder Reaktion oder einfach nur sein dürfen, Beine ins Gewässer und Seele sonst wohin baumeln

lassen, sich etwas erlauben (mittelhochdeutsch von urloup, die Erlaubnis haben). Danach entstresst zurück zum Ur-Laub, dem äußeren Kleid von Baum und Strauch, den faltigen, rissigen Rinden, den borkigen Knoten, den durchlässigen Hüllen und Häuten, den verletzten Wurzeln unserer beruflichen Tätigkeit, zurück in den All-Tag, zu Bürokratie und zu Budget-Beschränkungen, zurück zu Zahlen; übrigens zurückzuzahlen haben wir Steuerzahler eine Billionen Euro für die Schuldengarantie-Übernahmen jener sonnigen südlichen Gefilde, in denen Sie Ihre Honoraranteile im Urlaub verlassen, verloren oder verprasst haben. Nicht ärgern. Das rufe ich auch unserer bundesdeutschen Mutti zu, denn angesagt sind wieder Zoff und Zerwürfnisse mit Feind, Freund und Opposition; apropos ... nehmen auch Sie Eltern-Urlaub wie der Erzengel der SPD, der in gereifteren Tagen seines Spätsommers oder Früh-Herbstes noch einmal Vaterschaftsfreuden erleben darf?

Dazu fallen mir rein zufällig die neuesten Zahlen des statistischen Bundesamtes aus dem vergangenen Jahr in den Blick. Scheidungsrate einhundertachtundachtzigtausend, mehr als zehntausend Ehen endete im verflixten siebenten Jahr nach der Hoch-Zeit! Dazu ließ Lady Gaga sich vernehmen: „Scheidung ist keine Option! Ich werde heiraten, und dann wird er mich nicht mehr los!" Na dann! Also Jungs, zieht Euch schon mal warm an, der nächste Herbst kommt bestimmt. Der nächste Urlaub auch. Und wenn nicht, so lautet die Empfehlung des Verfassers, gönnen Sie sich wenigstens einmal am Tag ein bisschen Urlaub oder Frei-Zeit mit zwanzig Minütchen nicknapping, autogenem Training, Meditation oder einfach nur so-Sein! Es möge Ihnen nützen. Prosit! Gläser leeren und wieder füllen, halbvoll oder randvoll. So seh ich das!

Freuds Leid

Neunzehnhundertdreiundzwanzig
im Februar zur Winterzeit
als ein Arzt mit siebensechzig
oh Schreck, entdeckt in seinem Mund
dick-geschwülstigen Befund
zwei Monde später hat er erwogen
die Konsultation beim Dermatologen
jener sieht's gleich: Karzinom
reichlich fortgeschritten schon,
traut sich nicht, dem Herrn Kollegen
die Diagnose darzulegen
rät ihm aber zur OP
rasch sei er wieder auf der Höh'
danach könne er spazieren
und seine Praxis weiterführen.
Dem Arzt-Patient geht's gar nicht gut
es fließt in Mengen ihm das Blut
aus dem Munde und er meckert
weil es ihm sein Hemd bekleckert.
Zu danken ist es einem Zwerg,
dass die Blutung über 'n Berg
dieser hat dafür geborgt,
dass ein Spezialist sich sorgt
und sich um den Doktor kümmert
weil dieser klagt und reichlich wimmert

Nun warum hat der wohl den Krebs
hat er ungesund gelebt?
Er hatte sackvoll Tabakware
gequalmt wohl über vierzig Jahre
der Tumor wächst und wächst, wird größer
legt des Betroffenen Zähne blößer
die Freuden waren ihm bald vorbei
bei dieser Riesenquälerei
Nochmal OP, ein zweites Mal
diesmal radikal, welch' Qual
ausgeräumt und immer tiefer
wurden seine beiden Kiefer
und als Folge der Malaisen
gab's Epi-, Zahn- und Mundprothesen
Egal, so sprach er unumwunden
wenn ich auch noch so arg geschunden,
nicht trinken kann, nicht sprechen, essen
das Rauchen will ich nicht vergessen,
und so er quarzt er munter weiter
bis die Wunden voller Eiter
auf die sich bald die Fliegen setzen
man schützt ihn mit Moskito-Netzen
und sein Hund, der Chow-Chow Lyn
kriecht vor Gestank sich eckwärts hin
Derart gequält trotz voller Ruhm
endet er mit Morphium
endet auch das Lebensleid
des Ewigrauchers Siegmund Freud.

Lebergelaber

Hast genügend Du gesoffen
und eine leberne Zirrhose
erwartet Dich die schwarze Dose
und Dir steht der Himmel offen
Sei nicht betroffen oder traurig
bist nicht allein mit dem Problem
denn der alte Ludewig
von Beethoven besaß sie auch
eine Leber wie aus Lehm
später wie ein steinerner Schlauch

Auch der Stifter Adalbert
soff wie ein altes Ackerpferd
jährlich ein Fass von gutem Wein
sechshundert Liter in sich rein.
seine Leber fett und feist
gab drum auf bald ihren Geist.

Einer, der Arzt werden wollte
doch zum Schriftsteller mutierte
und zum Kabarette-Singer
war der Helmut Qualtinger
in Wien und München
wo er las und fraß
leerte er so manches Fass

bald platzte ihm die weite Hose
wegen leberner Zirrhose

Nun zum Schluss ein letztes Beispiel
des Genies, das niemals trank
dem es gar so gut gefiel
in Relationen sich zu denken
denen Theorien zu schenken
uns, die gern ne Flasche Wein
fröhlich schütten in sich rein
In seinen Adern niemals Weinstein
das war der gute Albert Einstein
Wohl eine Hepatitis schnitt
ihm sein Lebens-Bändsel ab.
gelb-bleichgesichtig mit Zirrhose
fiel er in sein kühles Grab
Weitere könnt ich benennen
wie den Ernest Hemingway
Rum pur, Whisky pur, Singapur - Slim
rafften diesen Zecher hin

Wer zählt die Gläser wer die Namen
die durch den Suff zu Tode kamen
und die Moral von der Geschichte
trinke mäßig Alkohol
dann zerfällt die Leber nicht
und Du fühlst Dich länger wohl.

Über die Syphilis

Wie ein buntes Chamäleon
schlich sich einst ein, wohl über Rom
plötzlich war die Seuche da
die üble „Mal de Castilla"
So nannten sie die Portugiesen
die „Polnische" so rief der Russ
der Pole nennt sie „Deutsche Krankheit"
der Preuße „Morbus gallicus"
„Franzosen-Krankheit" sagen Briten
die manchen riss aus ihrer Mitten
als Folge lieblichen Genuss'
deshalb hieß es Schluss mit Kuss
beim „Morbus venereus"
So wird fachlich sie bezeichnet
die vieles Buntes imitiert
bei dem, der fleißig sich plaisiert
in Spielehallen, genannt Bordell
darin holt der Mann sich schnell
Roseolen und das Venus Band
am Hals, als „Lues" auch bekannt.
Ohne Frage geht die Sage
weil der Hirte Syphilus
lästerlich die Götter neckt
ward zur Strafe er befleckt

Nach ihm benannt die neue Seuche
sie produzierte manche Leiche
sogar von heiligen Päpsten
die vatikanisch daran krebsten
Leo, Julius, Alexander
liebten fröhlich durcheinander
auch Pfaffen, Popen, Kardinäle
hatten's nicht nur mit der Seele
die Lues hatte unterdessen
ihre Eicheln angefressen
mancher einer merkt: ooh Schreck
die meinige ist auch schon weg
so dass nun querfeldein sie pissten
doch nicht nur sie, auch Humanisten
Erasmus von Rotterdam
Ulrich von Hutten - ohne Scham
befallen davon Philosophen
Friedrich Nietzsche, Schopenhauer
gingen auf die Walz zum Schwofen
danach ward ihnen etwas flauer,
die Pimpfe glühten wie ein Ofen.
Künstler wie der Ben Cellini
Paul Gauguin und auch Manet
litten an der Seuche Folgen

dachten sich wohl: so ein Mist,
dass du davon befallen bist ...
E.T.A. Hoffmann, Heinrich Heine
Nicolaus Lenau, Gustave Flaubert
Maupassant und Baudelaire
Smetana und Schuberts Franz
hatten Pech mit ihrer Glans
Tabes lähmte die Gebeine
Paganini war's es wert
das Exanthem, ein rosaschweinenern
vom Gesicht zum Achtersteert.
Selbst Ignatius Semmelweis
dem Arzte, ward's im Schritte heiß.
Eingemeißelt ihre Nomen
denn niemals nutzen sie Kondomen
Und die Moral von der Geschicht'
die wage ich zu äußern nicht
nicht heute und hier
Ihr seid erwachsen und aufgeklärt
Macht ja keine Faxen!

Wer?

Nun so oft wie es sich zieret
wird doch dieser Kerl zitieret
der einst an der Jagst geboren
ward ein Raub- und Raufbold-Ritter
Rüstung über beide Ohren
Ein Blitz- und Donnerlichtgewitter!

Der bot dem Amtmann von Krautheim feil
wie den Dämonen-Zauberspiegel
durch die offenen Fensterflügel
ihm sein blankes Hinterteil!
Gottfried hieß der alte Junge
der forderte des Kaisers Zunge
dabei blies er die Backen auf
zwischen die Glutäen zu zwingen
hintern-rücks zum Missbrauch auf
so hören wir heut den Spruch noch klingen
vom guten Götz von Berlichingen!

Wer war er?

Wer in der Schule nicht sitzenblieb
Wer seine Kinderbücher kannt
der kennt den Doktor Kinderlieb!
Reimerich auch vorn genannt.
Unter diesem Pseudonym
schrieb er nieder hin und wieder
Lieder und Geschichten hin
für Kinder, die in jüngsten Jahren
noch ein wenig Führung brauchen
lauern hier und dort Gefahren,
dass vielleicht sie untertauchen
im Tintenfass vom Nikolaus
oder aber schnellstens rennen
um nicht im Feuer zu verbrennen,
nicht spazieren bei Sturm und Regen
nicht mit dem Schirm davon zu fliegen
stattdessen ordentlich sich pflegen
bevor sie müd im Bette liegen.
Solcherlei beschrieb der Mann
der reimen und der zeichnen kann.
Hiermit ich zu enden pflege;
nun wer war er, der Kollege?

*(Es war der „Struwwelpeter"-Verfasser, Arzt
und Psychiater Dr. med. Heinrich Hoffmann,
1809 - 1894 in Frankfurt)*

Versprech(er)-ungen!

Ein offener Brief an den Vizekanzler und FDP-Vorsitzenden vom Januar 2013

Sehr geehrter Herr Vizekanzler und Bundesminister, sehr geehrter Herr Kollege Rösler, mein lieber Philipp! … einfiel mir die Anrede: „Mein lieber Herr Gesangverein …",

habt Ihr Sie eigentlich noch alle? Alle beisammen, alle im Kasten, alle Tassen im Schrank? Doch von Anfang an: Seit mehr als eineinhalb Jahren bemüh(t)e ich mich vergeblich bei Euch, den Mädels und Jungs von der FDP fernmündlich, schriftlich und per E-Mails um Zusendung eines Beitrittsformulares und so einer Art Parteiprogramm. Ich war der irrigen Annahme, Ihr hättet noch einen gewisses Bedarfsinteresse an einem neuen Parteimitglied, auch wenn dieses zur Gruppe der Ü60er gehört, dennoch gewillt war seinen wie immer gearteten bescheidenen Beitrag zum Wohle von Gemeinde oder Bezirk, von Stadt, Land, Fluss, von Nation und liberaler Partei zu liefern. Zugegeben, Wahlplakate mit Euren Konterfeis auf Presspappenständer zu leimen und im schönen Hamburg-Bergedorf nächtens aufzustellen war nicht unbedingt mein Primärwunsch, aber unter blau-gelben Sonnenschirmen am Marktplatz Bonbons und Kulis zu verteilen und mich von Andersdenkenden anmachen zu lassen, das hätte ich wohl noch ausgehalten.

Aber Ihr wollt(et) mich nicht, mit Haut und Haar nicht, Ihr Ausgrenzer! Ich rief seinerzeit in Eurer Hamburger Geschäftsstelle an und erbat unter Nennung meiner Daten die Zusendung der o.a. Unterlagen. Beim ersten Male wurde mir beschieden, das würde etwa 2 Monate dauern! Huch, das erinnerte mich ein wenig an dringlich erwartete Befundberichte über eingewiesene Klinikpatienten. So geduldete ich mich und gab dazu noch gut sechs Wochen drauf, die von der FDP in Hamburg hatten sicherlich gut zu tun. Sodann ein zweiter Versuch und die Zusage, die Sachen gehen dieser Tage raus! Versprochen? Versprochen! Zur Einstimmung besuchte ich Wochen später an herrlichem Sommerspätnachmittag, halb Hamburg grillte, den Vortrag der anmutigen Hamburger FDP-Fraktionsvorsitzenden Frau Katja Suding, zu welchem nicht ganz drei Handvoll Zuhörer erschienen waren, zwei oder drei Bezirksfunktionäre, vier Parteimitglieder, drei Piraten und zwei schlichte Bürger, meine Wenigkeit inklusive. Am Ende der Veranstaltung, nachdem sich die wenigen Wichtigtuer ihrem Bannkreis entzogen hatten, klagte ich bescheiden und diskret Frau Suding mein Leid, das ich bisher erfahren hatte, wir tauschten Visitenkarten aus, sie würde sich drum kümmern. Versprochen? Versprochen! Nix passierte! Einige Zeit später rief ich dann höflich meine Bitte wiederholend ihrem Fraktionsbüro an und siehe da, ein ältlicher, unupgedateter Flyer mit der darin noch-promovierten Dr. betittelten hübschen Silvan Koch-Merin flog mir ins Haus, ... aber kein Beitrittsformular,

kein Parteiprogramm! Ehe ich überlegte, mich gegebenen-
falls justiziabel in diese Partei einzuklagen, wandte ich mich
doch besser zuvor an den derzeitigen frisch im Amte walten-
den Herrn Bundesminister der Gesundheit, quasi meinen
Chef, Herrn Daniel Bahr aus Münster. In meiner E-Mail be-
klagte ich erneut wieder mal meine Vergeblichkeiten und
BuMi Bahr kümmerte sich, und zwar sofort. Die Sache ging
zack zack von oben runter, von Berlin nach Hamburg, ein
alerter, freundlicher Herr der FDP rief mich in der Praxis an, er
sei zwar nicht zuständig für so was, aber er würde sich drum
kümmern. Versprochen? Versprochen! Er schickte mir eine
E-Mail-Info-Kopie an zwei seiner zuständigen Parteigenos-
sen, die mögen sich doch bitte meines Anliegens annehmen.
Vielleicht hatte auch dieses freundliche Parteibrüder-
le sich nur versprochen …, denn wenn ich nicht gestor-
ben bin, dann warte ich noch heute … Tja, mein lieber
Philipp, was schließen wir denn nun daraus? Zum Beispiel
zwei Prozent reichen Euch? Eigentlich wollt Ihr gar nicht
mehr mitregieren? Akademische Freiberufler sind in Euren
Reihen nicht – mehr – erwünscht? Haut- und Haarärzte
oder Ü60er sollen zur Tante SPD? … oder zu grau-grünen
Panthern oder roten Piraten? Ihr von der FDP habt genug …
Mitglieder (-kohle) oder auch voneinander untereinander?
Ehe ich Dich, mein lieber Philipp, nun auch noch mit
Euren Gesundheitsprogrammpunkten nerve, ziehe ich mich
beleidigt in meine Schmollecke zurück und bin muksch!
Dabei finde ich Daniels bisherige Arbeit an und für die

Gesundheit so übel gar nicht, vielleicht kannst Du ja nach Deinem Rückzug irgendwann mal bei ihm mitwirken, auch wir Ärzte brauchen doch Kollegen in der Politik, oder? Immerhin seh ich das so!

Mit freundlichen kollegialen Grüßen und besten Wünschen für weitere Wursteleien,

Ihr dreessendoc

Philipp

In Asien blühte eine Rose
ihr Duft ? nun ja !
Philipp der Große !
die sanfte Stimme tonlos matt
seichert er Genossen platt
verrührt, verkocht die ganze Chose
zu einer nebelgrauen Soße
Wehe, wenn das Ende ich sehe
vom Scheitel bis zur kleinen Zehe
vom Alpenrand bis Deiches Weiden
ein zartes „Röslein auf der Heiden…."

Siegmar

Aus Erz ein Engel zungenschnell
ein weiches Herz, ein weicher Bauch
der junge Papa Gabriel
steht manchmal ganz schön auf dem Schlauch
rennt vor-zurück und rücksichts-vor
zementiert und dementiert
kernige Sprüche uns ins Ohr
bis selbstverliebt er sich blamiert
..dieweil die Nahles vor ihn führt

Peer

Per Stein brückt einer, den es schüttelt
der fest am Kanzler-Tore rüttelt
die Wahlkampfzeit her, hin und über
er stippt und stupft mit jedem Stapf
in manchen fett-gefüllten Napf !
auf Angies Sessel säße er lieber
ob er es ihr wohl klar vermittelt
dass sie „Herr Kanzler" ihn betitelt?

Jogi

Der Jogi löwt
mit grimmem Bauch
am Spielfeldrand,
steht auf dem Schlauch
des hingehalt'nen Mikrofones.
drein kommentiert er
schwäbsch'en Tones
mit perfekt gestylter Mähne
und zusamm' gekniffne Zähne
und jedes dritte Wort ist:
„auuu … ch"

Am Wiesensaum

Es wacht der treue Weidenbaum
und neben ihm der Flieder
am feucht begrasten Wiesensaum
er rauscht mich aus dem schönsten Traum
und flüstert Liebeslieder
versonnen, ich erinnere kaum
wie damals ich an Borkes Baum
zernestelte dein Mieder
vergeblich spenste zwirner Saum
sich meinen Künsten wider
so gab er frei den Zwischenraum
von Schames bis zu Kinnes Flaum
und du kunfts'st wieder nieder …

Krumme Lanke

In Berlin auf Krummer Lanke
flößte eine ranke schlanke
wurmzerfress´ne kranke Planke
wankte weich an Wasserstellen
wo des Windes Wasserwellen
schubste sie an Neer und Wehr
drehen sie seichtsam hin und her
tauchen sie ab und zu herunter
und allmählich geht sie unter.
Unter Wasser trifft sie Gunter
den Gurkensaftmann
putz und munter
will der einen heben gehen
plötzlich bleibt der Gunter stehen
fragt sie frisch-fromm-fröhlich-frei
ob sie noch zu haben sei
ob im Wonnemonat Mai
ihr es denn genehmlich sei
dass er janze dichte bei
nunmehr ich Begleiter sei.
Er möchte so gerne die Planke stoßen
an des Gewässers Oberwasser
wo es nun ein wenig nasser
und trotz seiner feuchten Hosen

wollte er mit seinen Pfropfen
ihr die Löcher dichte stopfen
traurig lächelnd surrt die Planke
… zwischen uns die Algenschranke?
Ach was, ruft Gunter, macht doch nix
pfriemelt Algen auseinander
dass die Nixen staunend blixen
und so tauchen sie selbander
auf aus der Krummen Lanke Gründen
bis oben sie sich wiederfinden
atmen tief durch alle Poren
durch Nase, Mund und beide Ohren
treiben-s auf der Krummen Lanke
flüsternd dankt sie: Gunter, Danke
haucht ihm schließlich noch zum Schluss
auf seine linke Flanke
einen feuchten Wasserkuss
nun dankt der Gunter: Planke, Danke!

Und die Moral von der Geschichte
genau besehn bei Tageslichte
macht es besser
eh ihr besteigt Berlins Gewässer
bevor ihr dahin gehet baden
entwurmet Euch von Wurm und Maden!

Kunos Konzert

Oooh je ! ..die lieben Anverwandten
Vettern, Basen und Cousinen
Omis, Opis, Onkels, Tanten
erwarten mit gestrengen Mienen
weil man so was gerne hört
ein Weihnachts-Violinkonzert
das Klein-Kuno jetzt beschert..

Alles schweige jeder neige
ernsten Tönen nun sein Ohr
Knabe Kuno kratzt die Geige
quäält Sonaten draus hervor
Mamas Wünsche, Papas Träume
ruhen unterm Tannenbaum
Kuno bäumt sich mit Geschäume
gegen deren Wonnentraum

Krrächzz und knärrzz
quiietschsch und quärrzz
fiedelt Kuno lustlos munter
hastig ohne Lust und Herz
die blöden Noten rauf und runter
schrääg und auuaaa
seinen Tönen

die er erzwingt
sich zu entäußern
nichts vom Wahren, Reinen, Schönen
er will sie alle nur versch-..wöhnen

Klein-Kuno schrammt
und schrappt den Bogen
verärgert her und hin
hingegen
die Sonate klingt verzogen
als will er jetzt das Ding zersägen
da plötzlich - piinngg -
zerspringt ne Saite
ass-dur
und sie flattert lose
bee-dur, cee-dur

volle Breite
folgen nach und reißen aus
piitschsch..
da pfeift die ganze Chose
ihm gehörig um die Backe
und schon voll ist seine Hose

voll von Ärger und von ... Zorne
voll von Ärger, voll von Wut
Kunolein, das war nicht gut
... nun beginn noch mal von vorne

Klein-Kuno zetert hochgerötet
dieweil die Mama Bravo flötet
schreckgezeichnet die Gesichter
im Familienpublikum
dieweil die Mienen finster, dichter
knallt Kuno seinen Schluss-Akkord
ennddlichch ... ist die Sache rum
und schmeißt seine Fiedel fort ...

Artig spendet man Applaus
schlürft schleunigst seine Gläser aus
macht sich auf den Weg nach Haus
dort am Weine weiter labend
war doch ein feiner
Weihnachts-Abend.

Moral:
Wenn es nur zu Deinem Glücke,
zwing kein Kind hin zur Musike!

Leo und sein Schlafsack

Der olle Cowboy Leopold
zieht unvermittelt seinen Colt
die Bank erleichtert er ums Gold
den Sheriff um den kargen Sold
hat ihn in Fesseln eingerollt
in den Saloon sich reingetrollt
dort säuft er Whisky wiederholt
eimerweise unverzollt
hat einmal kräftig ausgeholt
die Faust, mit hunderttausend Volt
hat seinen Schlafsack ausgerollt
er betet brav: so gottbefohlen
und frommen Dank für all die Kohlen
will heimlich sich und ganz verstohlen
noch eben einen Schnaps sich holen..
dann pennt er ein, doch in der Nacht
ein Feuer man auf ihm entfacht
sie zündeln ihn an, sie fackeln ihn ab
bereiten ihm somit ein heißes Grab
ausgenommen und angekohlt
wovon er sich wohl kaum erholt
so ergeht es selbst den Allerbesten
im guten alten Wilden Westen

*Moral: Wär er nicht besoffen in den Schlafsack
gekrochen hätte er früher die Lunte gerochen.*

Ich wollt' ich wär ...

musikalisch

Ich wollt' ich wär ein Dirigent
der sein Orchester führet
der manchmal mit der Flöte pennt
nachdem er sie verführet
nicht wirklich richtig, nur im Traum
vor seinem eignen Spiegel
da schwebt er über Zeit und Raum
und dies verleiht ihm Flügel
dann sonnt er sich und wärmet sich
voll Wollust, voller Wonne
doch vorsichtig, mein Ikarus
komm' nicht zu nah der Sonne..
die dumpfe Tuba bläst den Gruß
fünf Hertz zu tief mit Tosen
da stürzt er ab ins offene Meer
ins Meer der Ahnungslosen
wenn darein ich auch mich versenke
wenn ich so recht bedenke:
Wer einmal mit der Flöte pennt
Der ist noch lang kein Dirigent.

political correct

Ich wollt ich wär die Kanzlerin
und eines Tages schmeiß ich hin
lustlos sind meine Kräfte
Europa- und Parteigeschäfte
ich denke mir beim Glaserl Wein
Fäkalpakt, der ist wirklich Mist
macht Euren Scheiß allein.

so was gibt's

Es gibt, jetzt hört mir einmal zu
in Vegetariarian
ein paar bekloppte Taliban
die futtern ausschließlich vegan
und tragen Plastik-Schuh
die baden und die brausen nicht
den Schweiß-verdreckten Rücken
denn es gilt allererste Pflicht:
die Tierchen nicht ersticken
schon gar nicht in der Schamfrisur
ne Shampoo- oder Spülungskur
sie machen niemals den Garaus
dort untenrum der Filze-Laus!

umweltfreundlich

Ich wollt ich wäre der Minister
für Landwirtschaft und für Schonung
der pflegt und trägt in sei 'm Tornister
die Umwelt, mit Betonung
auf global
er gibt sich wirklich Mühe
tut seine Oberlippe schürzen
er spricht vom Fladenbrot der Kühe
die rasch mal auf die Wies gekackt
und gashaltigen Fürzen
vor Vogelgrippen warnt er Euch
bei Gammelfleisch und Rinderseuch
bei Käfighennen splitternackt
die federlos gleich eingesackt
bei arzeneiern Eiern
da wirkt er manchmal bleiern
doch niemals macht er Kompromisse
bei Gülle und bei Schweinepisse !

Etwas Pflege schadet nicht

Anlässlich des Besuches eines Beauty-Kongresses in München waren mir neben einem reichlichen Angebot an Tiegeln und Tuben neuester kosmetischer Errungenschaften zwei bis drei Dinge besonders aufgefallen; zunächst eine Apparatur für diejenigen Ladies, die bei trübem Badezimmerfunzellicht vor dem Parabol-Rasierspiegel des Herrn Gemahl sich zeitaufwendig und zielgerichtet mit Pinzette und einem zugekniffenen Auge herumquälen müssen, um störende, überflüssige Härchen von Wangen, oder Kinn, zwischen den Brauen oder unter dem Näschen zu beseitigen. Derlei Mühsal vereinfachende Abhilfe schafft dieser kugelschreiber-kleine, metallene, mobile Zauberstab, welcher kurz gebogen und gekrümmt wird und dann die unerwünschten Flaum- oder Stoppelhaare zwischen seine spiraligen Blattfedern klemmt und sie schwupp-di-wupp mit kurzem Ruck laut- und schmerzlos ausrupft; ein genialer und pfiffiger ex-und-hopp – Epilator fürs Abendhandtäschchen zum Preise einer Kinokarte plus Tüte Popcorn, der nach selbstlosem Eigenversuch sogar mich überzeugt hat, auf den Ohren. Das nächste war die lebendige Kunst. Hiermit sind weniger die bei zunehmender Hauterschlaffung traurigen tätowierten Gesäß-Geweihe gemeint, die all überall augenauffällig aus knappen Hosenbünden hervorlugen. Nein, hübsch bunt bis schrill bemalte halbnackte Häute zumeist schlanker und wohlgeformter junger Damen, welche den raffinierten Pinselschwüngen ihrer Bodypainter als lebende Leinwände dienten waren eine wahre Augenweide für Photographen und Betrachter … auch für jene, die nun nicht grad so kunstinteressiert sind. Das hatte wahrlich schon a bissl mehr Niveau als Halloween- oder Faschingsfarbgeschmiere und -geschminke!

Last but not least gefallen haben mir die überwiegend nein nahezu alle gut und gepflegt ge- und bekleideten Damen (und Herren) an den Austeller- und Informationsständen; derartige, den entsprechenden Anlässen angepasste, Outfits wünsche ich mir häufiger und öfter, eigentlich immer auf so manchen medizinischen Seminaren oder Kongressen; insbesondere von und bei Kollegenvertretern der Medizin einschließlich unserer guten ollen Dermatologie.

Klar, dabei ist vieles eine Geschmacksfrage und darüber – alter Hut – non est disputandum! Mir will in meinen konservativen Dithmarscher Dickschädel einfach nicht rein, warum und wie teilweise wirklich vergammelt mancher approbierte Arztkollege da so aufzukreuzen sich entblödet. Da werde ich doch arg an Marburger APO oder Alt-68er Zeiten und ihre Demos erinnert. Jawohl, ein Schuh mag im Regenschauer kurz zuvor ja durchaus ein paar Spritzer abbekommen haben, jawohl eben noch in der Klinik oder Praxis den Kittel abgeworfen und nun in Hetze zur Fortbildung. Aber schiefabsätzige Treter, die nicht mal mehr die Kleiderkammer erfreuen, Beulenjeans mit ausgefranst verwetzt löchrigen Saumbünden über den abgelatschten Sohlenendresten, bekleckert versiffte

Island-Pullis, als sei das Schaffell in braun-grau-grünlicher Farbbottich-Pantsche verblichen sowie fettig ungeschnittene Nackenfransen, zweimal gekringelt verklebt über abgestoßenen anno-dazumal-Krägen, Fusselbart mit Futterresten ruft die Made nach den Gästen ... Mit dem Wort Kamm wird nur noch „was mit Bergen" verbunden und „after-shave" ist so was wie ein geschorener Allerwertester!

So etwas ist nicht mal Retro-Look, so was ist nur noch peinlich! Einigen wohl nicht, mir aber bei der Vorstellung, so jemand wirft sich morgens, nachdem die Zahnbürste die gelblichen Hauer von Ferne begrüßt hat, auf Station oder in der Praxis den weichverknitterten Wendekittel über, selbstredend ungeknöpft und das unvermeidliche Statusstethoskop – früher in der ausgeleierten linken Arztmanteltasche – heute lässig und allzeitbereit wie eine Baghwan-Mala oder ausgehungerte Anakonda um den Hals geschlungen, um dann kleine und große Patienten über Haut- und Körperpflege zu belehren, gell Herr Kollege? Kleiner Tipp für Selbst-Erkenner: einfach mal gucken wie Seminarreferenten oder Klinikchefs sich aufbrezeln oder mal auf Frauchen hören ... (sofern noch vorhanden). Also ein bueschn Achtsamkeit und Achtung bei den Klamotten schadet nix. So seh ich das.

Geh! Punkt! Licht aus – spot on !

Zugegeben es lässt nicht wirklich sich länger verschweigen oder gar leugnen: ich bin seinerzeit in Marburg tatsächlich zweimal durchs Physikum geplumpst. Nun ist es endlich heraus und geoutet. Bisher hatte ich – hinter vorgehaltener Hand – in wenigen Einzelfällen einfach frech behauptet, ich sei nicht grad der fleißigste Student gewesen jedoch einer der fröhlichsten unter dem Landgrafenschloss der guten alten Alma Mater Philippina. Seit kurzem weiß ich: es stimmt! Der Besuch des eines Kongresses über ästhetisch-kosmetische Medizinchirurgie war interessant und lehrreich, auch breit aufgestellt. Fast im wahrsten Sinne des Wortes breit aus- bzw. aufgestellt war auch der Arbeitskreis kosmetischer, jawoll „Intim-Chirurgie", wohlgemerkt mit anschließendem „get-together"! Aufgerufen dazu waren Kollegen unterschiedlichster operierender Disziplinen und natürlich – richtig – interessierte Ärzte. Weibliche wie männliche Dermatologen beschäftigen sich ja tagein tagaus gemäß Fachgebietsdefinition nicht nur mit Haut, Haar und Nägeln sondern gelegentlich auch mit angrenzenden Schleimhäuten von Mund und Auge sowie den AUB-Zonen (Anal und Bikini). Jene Bikini-Unterwärts-Region stand nun ganz im Blickpunkt dieses Arbeitskreises. Ihnen verehrte Kollegen ist vielleicht noch der eine oder andere Jüngling erinnerlich, der scheu-verschämt Ihnen anvertraut hatte, sich wohl eine Geschlechtskrankheit „geholt" zu haben. Ihre wohlmeinende beruhigende Aufklä-

rung, seine papillae coronae glandis (Hirsuties) seien norm-
befundliche Erscheinungen ohne Krankheitswert haben Sie
einen schweren Stein von seinem Herzen plumpsen hören
lassen oder? Wie mag es da wohl nur jungen Teenies und
Twennies ergehen, wenn diese – aufgeklärt oder verklärt
durch schematische Darstellungen in Regenbogenpresse-
bildchen und Homepage-Animationen – nun vermeintlich
unterwärts nicht ok seien?

Nun, sie werden sich in Anbetracht bevorstehender Ge-
burts- oder sonstiger Festtage statt eines neuen Pullovers
den Besuchs- und Behandlungsgutschein bei einem Labien-
Papst oder Vaginal-Picasso auf den Gabentisch wünschen.
Diese soeben verwendete Bezeichnungen, liebe Kollegen
sind nicht meiner schrägen Phantasie entflohen, mitnichten!
Sie werden solcherlei krude Akquise-Worte auf z.b. der
Homepage eines Münchener Sensual-Mediziners finden.
Googeln Sie ruhig mal diesen Frontkämpfer und Pionier
der weiblichen Genitalchirurgie, den tollen Tarzahn, Herrn
Professor h.c. mit Tarzan-Tolle, der zutiefst pseudo-seriös
seine einfühlsam-verständnisvolle Hilfe für gequälte Seel(ch)en
edel und heer anpreist. Apropos: eine Preisliste ist gleich mit-
einzusehen; zitiert sei hier die wenige Sekunden dauernde
Injektion von Eigenfett oder Hyaluronsäuren zur Volumen-
vergrößerung des ominösen G-Punktes von 1.700,- bis
2.400,- Euro. G-was? G-wohl? nein, G-meint ist eine bereits
im 17. Jahrhundert vom niederländischen Anatomen De
Graaf und von Ernst Gräfenberg 1950 wieder gefundene

erogene Kleinzone, etwa drei bis fünf Zentimeter hinter der weiblichen Urethra identifiziert oder vermutet. Hier streiten und widersprechen in schöner Regelmäßigkeit sich die Geister. Gibt's ihn – gibt's ihn nicht, jenen verborgenen Lusterzeuger, welcher bei Stimulation oder auch Druck – wie während des Geburtsvorganges – die Ausschüttung körpereigener Endorphine induziert und somit die individuelle Schmerzschwelle erhöhen soll. Die Bejaher – wie könnte aus auch anders sein – sind jene G-Punkt-Augmentierer, die in zum Beispiel Drääsdn, Lääbzsch, Hambuach, Monnemm oder Mjunick und sogar in Istanbul sich mehr oder weniger mühevoll sich ihr täglich Brot erspritzen, indem sie – unter OP-Bedingungen, sterilisiert und stylisiert versteht sich – ihrer Kundinnen Epizentren der Lüste auf doppeln und aufwallen lassen. G-spot-injection oder -Intensivierung heißt das. Licht aus – spot on ... und ab geht die Post! So klingt und tönt es allerorten, obwohl lustvolle Höhenflüge weder versprochen noch gar garantiert werden; und wenn überhaupt, so wird die Wirksamkeitsdauer dieser Methode ehrlicherweise mit wenigen Monaten angegeben. Aufklärung muss sein! Nocebo oder Placebo, wer heilt hat recht! Das ist eben evidence-basierte Erfahrungsmedizin! Medizin? Hoppla! Ehe ich nun wieder einmal die Empörung einer Leserbriefschreiberin aus dem Sachsenwald bei Hamburg provoziere und eine Neid-Debatte auslöse, sei allen hiermit öffentlich verkündet und publiziert: Man(n) lernt nie aus! Erst recht nicht, wenn unzureichende Physikumskenntnisse dem glatten Durchmarsch durch vorklinische Studien nur bedingt genügen. Kongresse und Seminare sind unabdingbar, bieten Interessantes und manchem auch Aufbruch zu neuen Ufern. Selbst wir Hautärzte in der Routine von Papeln, Pickeln und Pusteln sollten nicht vergessen, dass vermeintliche Unterwärts-Unzulänglichkeiten oder Probleme in Bikinizonen hin und wieder auch uns präsentiert werden. Gut wenn auch wir darauf vorbereitet sind und mit Rat und Tat unseren Beitrag zum „Wohle der Menschheit" beisteuern, indem wir die zuvor beschriebenen Spezis zu tätiger Hilfe rufen … oder auch nicht. So seh ich das!

zur vorherigen Glosse

Ein Unterleibskünstler aus Plauen
boostert heftig-kräftig bei Frauen
den G-Punkt mit Fett
die finden das nett
dass jetzt sie sich wieder was trauen

Ein G-Punkt-Magier aus München
der intensivierte ein Pfündchen
zu viel, einer Kollegin aus Kiel
für ihrer Lüste Gefühl
die fährt nie wieder nach München

Ein Sensual-Mediziner aus Hohnen
spritzt in die Vergnügungszonen
die Säuren von Hyaluronen
dies führt wahrlich zu Sensationen
wird gewiss für alle sich lohnen

Doch eine ältere Lady aus München
die wollte am liebsten ihn lynchen
er spritzte auf'n Sprung
neben ihren G – Punkt
Schluss war's mit den Schäferstündchen

Eine Intim-Chirurgin aus Koblenz
bekannt für charmante Eloquenz
verkürzt schnappel-schnippel
überflüssige Zippel
am Strand liegen sie jetzt alle in no pants

Ihr smarter Kollege aus Grab
legt Lippenbekenntnisse ab:
„ Ich säbele drauf los
in der Damenwelt Schoß
dabei fällt für mich noch was ab.."

Der Intim-Picasso aus Gresser
der nennt sich sogar Professer
es ist wirklich kein Witz
jetzt lebt der in Kitz
das passt auch zu ihm sehr viel besser

Eine Schönheitschirurgin aus Lohne
selbst flach und platt wie ne Bohne
bastelt sich zwei Balkone
aus Kunst-Silikone
und kürt sich zur Zunft-Stil- Ikone

Sprüche-Sprache

Am Schluss dieses Artikels werden vielleicht auch Sie sagen, der Verfasser sei wohl „falsch verortet", ewig gestrig, denn jede Zeit habe nun einmal ihre eigene Sprache, von zeitweiligen subkulturigen oder subkulturigen Strömungen ganz zu schweigen. Ja und ? Dann bin ich eben falsch verortet, was so viel heißen mag wie ich bin auf dem Holzwege und nicht mehr auf der Höhe der Zeit, Und genau das will ich auch nicht. Ich „habe null Bock auf mainstream", und weil ich weder Bauer noch Jäger bin, rase ich auch nicht jeder durchs Dorf getriebenen, wildgewordenen Sau hinterher. Dieses überlasse ich zu gerne sprechenden Papageien oder, um im Tierreichsvergleich zu verbleiben, nachäffenden Leithammmeln und Lemmingen. „Falsch verortet" klingt irgendwie nach Vorort oder Seemannssprache, welche immerhin sich aus Überseefahrten in Kanak- und Kolonialländer zu einem missingsch-denglish gemausert hat, heutzutage jedoch nach eloquenter Frankfurter Schule à la Adorno, Habermas und Co, nach Besserwisserei, Meinungsführerschaft und Wichtiggetue klingt und zwar „nachhaltig". Nahezu täglich werden Sprach-Bastarde geboren, hirnrissige Neologismen, grauenhafte Dreschphrasen. Politiker, welche den Staat, die Stadt, den Stadtstaat, Gemeinden oder Gesetze „ein Stück weit" vorangebracht haben, deren Partei für den kommenden Wahlkampf „gut aufgestellt" sei, stehen permanent dabei an vorderster Front „in Sachen" Schaumsprache. Dauer-Betroffenheits-Beauftragte empfinden kaum noch Entsetzen,

Trauer oder Wut, sondern sind mittlerweile „unheimlich zornig" und „voller Abscheu". Deren penetrantes Gutmenschen-Gedöns wird von Tag zu Tag politisch korrekter und mutet gelegentlich selbst ein wenig „bildungsfern" an. Klassiker sind bereits Wort-Windbeutel wie „total spannend" oder „mega spannend", die in jedes noch so unbedeutende Mikrophon gehustet werden. Weise Staatsfrauen und -männlein „holen" uns verstockt herumstehende liebe Mitbürger und -innen „draußen im Lande" an bestimmten Knackpunkten „ab", wie wir Oma vom Bahnhof, sodann werden wir behutsam „mitgenommen", bis auch wir dann endlich mental „angekommen" sind an der Tatsache „dass wir das so nicht ableisten können". Ergo „muss sie besser kommuniziert werden", diese Art luftiger Verbal-Baisers für die intellektuelle Pampa. Danke sehr, Peer, „da bin ich ganz bei Ihnen!", „sach ich ma so". Mein freundlich ausgesprochener Dank wird all überall mit einem negierenden „kein Problem" gekontert, vor allem dort, wo „boah", "echt geil" und „suuupi" der schlichte Ausdruck mäßigen Erstaunens oder bereits geringer Freude sind. Hier werden Dumpf-Backen-Abnicksprüche wie „auf jeden Fall", „auf alle Fälle", „aber absolut" in nicht geringerem Maße verortet wie Absonderungen oder Ausscheidungen von vor eminenter intellektueller Erhabenheit strotzender Antworten, angeführt und eingeleitet mit „ich denke ...", „ich denke mir ...", „ich denke mir mal ...", „ich denke mir mal so ..." (seinerzeit eingeführt vom Wiederholungszwang eines nahezu jeden zweiten Satzbeginns der guten Rita Süssmuth: „Iiich dennnke, esss isss wichchchtiiichch …" blablablubb). Proll-Szenen der Trash-Talk-Shows haben das adaptiert von den allwöchentlich mehrfach dargebotenen pups-öden Ewig-Talkern. Dann doch lieber gleich in eine Kneipe mit „toller location", auf deren Sprachmüllhalden verstümmelte Anglizismen und Begriffshybriden trüben Gestammel-Gewimmels massenweise gehortet werden oder verortet? Nicht weniger hyperinflationär mutiert der In-Begriff „event", der all das bezeichnet, was über den Amüsierfaktor eines Kindergeburtstages bei McDonald's hinausgeht. Hamburger Motorrad- oder Trucker-Gottesdienste im Hunsrück firmieren als Event. Nicht zu vergessen Kongresse, Seminare, über kurz oder langweilige ein-themige Fortbildungsnachmittage mit „Hand-outs" und anschließendem trostlosem Prosecco- und Lachsschnittchen-Parlando. Munter wurde es erst, als vor kurzem dabei ein Kollege mit dem Mittelfingerknöchel zur Begrüßung auf die eingehusste Stehtischplatte klopfte und dabei leutselig dröhnte „ich mach mal den hier", knackknack. Vor dem ersten Schluck witzelte er uns sein frischfrommfröh-lichfreies „Prostata, die Ohrspeicheldrüse" entgegen, glückli-cherweise unterließ er, wohl in Anbetracht der anwesenden Dame, seinen sonst üblicherweise nachgeschobenes „Gott erhalte sie in utero. Amen!". Neu bis dahin war mir sein „Na, alter Verwalter", an seinen Wikingergruß „Na, alter Schwe-de" hatte ich mich mittlerweile gewöhnt. Wer weiß schon, ob er beim nächsten Urologen-Treff die alle interessierende

Frage wagt „Na, alle fit im Schritt?". Immerhin mag dies drolliger anmuten als das bei Begrüßungen so „locker vom Hocker" hingeflötete „Hallööchen, mit -ööchen" und geradezu uralbern tönen so beliebte Verabschiedungsfloskeln wie „tschö mit ö", „bis danni, Manni" oder „bis dannimanski", „bis dennsen, Herr Jensen" oder „Servussi-plus Kussi". Oberpeinlichste Wortentgleisungen an der Schmerzgrenze, die nicht einer spontanen Schlagfertigkeit entsprungen und dem Gehege eigener Zähne entfleucht sondern billig abgekupferte und keineswegs „locker-flockige" Dumm-Sprüche sind. Fettnapf-Vokabular! Wie sagte doch Pippi Langstrumpf: „Man muss sich schon eine Menge Mist anhören, bevor einem die Ohren abfallen." So seh ich das.

Im Advent

Die Weihnachtsgans war nicht erbaut
als sie der Fuchs bei Licht beschaut:
... „ich herzlich Dich begrüße"
sie schnatterte und krächzte laut:
„Bei Dir krieg ich ne Gänsehaut
und auch gans-kalte Füße ..."

Der wecke Pudel

Der ollen Oma Nudelbeck
lief glatt ihr müder Pudel weg
sie sucht ihn hier, sie sucht ihn dort
sie suchet hin, sie suchet her
sie sucht an denkbar jedem Ort
wo bloß der Pudel wär
sie sucht auch noch in dieser Eck
und krümmt sich dabei schwer
das alles hat doch keinen Zweck
sie findet ihn nicht mehr
denn er ist weg
und fort...
wuff!

Ein Kater

Heute früh am Morgen,
der Tag begann offen
da wachte ich auf
von der Sonne getroffen
ich sehe einen Kater
mit genügsamem Sinn
der blinzelt miauend
so vor sich hin
der mampft meinen Matjes
mit sauren Gurken
er maunzt mich
einen lahmen Schurken
er hätt nichts zu tun
er könnt' ja wohl nun
in den Korb sich legen
und nicht mehr bewegen
dort aus-sich-zu-ruhn
auf dem Kissen am Ofen
da wollt er jetzt poofen
weil..ich hätte ja gestern
wohl reichlich gesoffen!

Im Aquarium

In meinem Aquarium flieht ein Floh
ein Wasserfloh vor den Karauschen
bis er in ruhigem Gewässer
tut einer Wasserflöhin lauschen
sie ist so zierlich, singt so rein
und schwupps dringt er in sie hinein …
und er kommt viel zu früh, doch sie
kommt nicht in ihrer Lüste Höhen
zwei Monde später Frühgeburt
von tausend Wasserflöhen
Vor Glück tut er sich dran berauschen
sie ist vor Seligkeit besoffen
da grinsen die Karauschen
mit ihren Mäulern offen …
Der Wasserfloh vergeblich wird
warten, beten, wünschen, hoffen
die offenen Mäuler sind schon zu
und prall gefüllt und platt
jetzt ham die lieben Seelen Ruh
Karauschen sind nun satt!

Ihr wisst nicht was Karauschen sind?
bei uns weiß das jedes Kind
als Karpfen landen sie meist frisch
beim Menschen auf dem Mittagstisch

Die Wasserflöhe so was freut:
es gibt doch noch Gerechtigkeit

Willi-Ballade

Zu Marburg war es an der Lahn
was sintemalen dort geschehen
Ihr glaubt es nicht? So strengt Euch an
vorm inneren Auge werdet Ihr´s sehen
doch ehe Ihr Euch laut empört
jetzt erst mal lauschend hingehört
hin zu einer Pech-Parade
der Willi-Regenwurm-Ballade:

Am kleinen Zeiger der großen Uhr
der Elisabethkirche am westlichen Turm
da hangelt nicht sehr behende
Willibald, der Regenwurm

Zu fett geworden von Pommes und Börgern
wie was Männlein von Michelin
wackelt Willi schwitzend und nörgernd
zwischen fünfe und sechse her und hin

Sein feister Leib klatscht hin und her
im herbstlichen Orkane
ans Kupferblatt – er kann nicht mehr
es ruuuft die Todes-Ahne

Er kreischt nach Engeln, die ihn sollen
auffangen und behüten
er presst bis seine Augen rollen
und seine Zähne wüten

Ein greller Zornes-Schrei: soo´n Scheiß
lässt Willi sich vernehmen
die roten Augen werden weiß
vor Gram tut er sich schämen

Es heult der Sturm, die schwere Böe
löst Willis letzte Klammer
er wird gewirbelt aus der Höh´
… und kriegt noch einen Hammer

Ein letztes Mal ne Erektiön
doch denkt er sich wozu
in´n Wind gevögelt ist nicht schön
bald hat der Willi Ruh

Doch halt, er zappelt und zippelt noch
und zappeln tut sein Kleiner
der ständert sich noch einmal hoch
er hofft es sieht ihn keiner

Er saust herab wie ein Komet
noch immer Willis Kleiner steht
und niemand in der Näh zu schaun
der Sturz vom Willi und dessen Grauen

Die Erde sieht er näher kommen
im Kopp ist er schon ganz benommen
da setzt er auf mit einem Schrei
genau auf seines Kleinen Stelle
erst platzt ein Ei
dann Nummer zwei
der Boden hat ne Delle

Zerknirscht, zerknittert krabbelt er
betrachtet seine Wunden
der arme Willi-Regenwurm
so heftiglich geschunden

Da plötzlich reißt der Himmel auf
und Willi sieht die Sonne
und aus der Ferne sieht er nahen
ne schwarz-weiß Würmer-Nonne
Sie nähert sich und streichelt ihn
den Willi, der so arg geschunden
hält ihm sein Köpfchen liebevoll
und leckt ihm seine Wunden

Das tut so wohl, sowohl als auch
an Seele, Herz und auch am Bauch
und Willi? der berappelt sich
doch spürt er einen heißen Stich
sein kleiner Willi liegt ganz schlaff
daneben ganz alleine
der Willi glaubt´s nicht, er ist baff
so leer sind seine Beine

Und traurig denkt er schon an Ostern
werd mit ihr ziehen in Würmer-Klostern
darf sie nicht lieben, herzen, küssen
nur beten, betteln, bitten, büßen
Hosianna hier, Hosianna dort
was soll ich an solch schrägem Ort?

Doch seht, ein Wunder ist geschehen
unter den Händen seiner Nonne
ein neuer kleiner Willi wächst ihm
welch Willi-Wunder-Wonne
so ganz ist´s ihm doch nicht geheuer
da baumeln ja auch zwei heile Eier …

Er freut sich, hebt die Hand zum Gruß
zum Dank, oh Schwester einen Kuss

Eure Hilfe, lieb und nett
doch erst mal will ich heim ins Bett
will sich geheilt von dannen schleichen
sie, recht entzückt von seinem Wort
schmeißt einfach ihre Kutte fort
und schafft es noch
ihn zu erreichen …

Und die Moral von der Geschicht
erklimme niemals Turmuhr 'n nicht
sonst geht es Dir bei Wund und Sturm
wie Willibald, dem Regenwurm!

Ballermann-Ballade

Schaue hin und wieder zu
dem Ringeltanze der Medusen
wie bei Augen-Ohrenquallen
die Leiber aneinander schnallen
wie sie fischen, wie sie schmiegen
neben an und auf sich liegen
Vögeln gleich, in Massen-Schwarmen
saugen sie an allen Armen
wie an Kais und Sportbootstegen
sie sich zu versammeln pflegen
glitschig, hirnlos, schleimig, glatt
hab ich die Medusen satt.
Selbst am Sandstrand, an den Deichen
tun sie umeinander schleichen
Weib um Kerle, Mann um Weiber
kaum bekleiden ihre Leiber
gepierct, wo immer mancher Braut
das Arsch-Geweih heraussen schaut
und wenn sie sich schwitzend mehren
mag ich nicht dazu gehören
eh ich mutier' zum nassen Hasser
verlasse besser ich das Wasser
mach ne Pause oder Jause
trink ne Brause geh nach Hause!

phonetischer nonsens

ooh

In Soho
vom Büro
stürmt ein Beau
über's Plateau
ins Bistro
von der art deco
dort ordert er Pernod
on-the-rocks vom Eskimo
afterall Bordeaux en gros
and for Lady Lilo
hetero und lebensfroh
from Gütersloh
duo little Pikkolo
vom Chateau Cliqot
Cheerio
manch bon mot
ohne Niveau
große Show
fortissimo
a la Rococo
Libido
lichterloh
coram publico!
nach Griff ins Portfolio

schleppt Libero-Halodrio
mit Chapeau und Paletot
ehe sie in dubio
sie ab ins eigne Studio
rein ins Bunga-Bungalow!
Dort folgendes Szenario:
Stereo aus Radio
Musik mit Impressario
Tremolo vom Cembalo
raus aus dem Trikot
rein ins Lavabo
runter das Rollo
Pornovideo
ab aufs Vertiko
und dann Numero
Halloo! Stop! No, no; so No Go!
Kontert Lilo schadenfroh
apropos: Risiko aus Borneo
oder Zoo in Mexiko
vom Bett von Stroh
zwo Floh am Po
roter Hof in indigo
now no more continuo
ergo status quo
oller Gigolo
sowieso ultimo - Adio, Zampano!

ome

In Gomorrha nahe Sodome
vermehren sich Genome
von leptosomen Gnomen
in monochromen Chromosomen
im Takte von Metronomen
wie die Ökonomen
ergonomisch ohne Kondome
als autonome Phantome

gut

unterm Hut
kalte Wut
in der Glut
tut nicht gut
drum mehr Mut
bei der Brut
bis der Mitbewerber ruht
biste Sieger
biste gut
haste Lorbeerhut
bleib gelassen
Knut!

Und nen guten Rutsch!

Basar-Mentalität so könnte man die Dagobert-Duck-Syndromatik der gesetzlichen Krankenkassen geißeln. Onkel Dagobert oder bei Charles Dickens der olle Scrooge, dessen Herz sich am späten Heilig-Nachmittag in Merry-Old Britain erweichen ließ, verteilte doch noch gute Gaben an die Ärmsten und ... so weiter. Da sind wir auch schon mitten drin in der besinnlichen Zeit, eingeläutet von einem älteren, anglophil-freundlich drein blickenden, weißbärtigen Opa, namens Mr. Happ Y. Chris Mess. Allerorten dudelt und düdelt der vor sich hin, begleitet von rhinophym-benasten Rentieren, die sich alle Rudolf schimpfen, die bellend und dschingelnd vom Himmel hoch her jauchzend zu Tode betrübt ob der non-white Weihnachtsklimakatastrophe all überall über unseren Hetz- und Hitzköpfen schweben mit frohem (Be-)Schall. Bloß kein Stress! Nur rasch in der Mittagspause in einen der Duftstoffdome der traulich geschmückten Galeriehäuser, wo nicht nur die Glöckchen klingeln sondern vor allem die kranken Kassen, lieber noch hört man es dort knistern und prüft geschickt die Echtheit des grünlichen, heiligen Scheins, ehe er raschelnd in den schwarzen Facetten zwischen den vorhanden Bündeln gleicher Couleur auf ein Nimmerwiedersehen verschwindet. Klinngg! Wech isser, der Hunni! Zuvor jedoch die Qual der Wahl des Herrn Gemahl, der zwischen seinen Fingern die Zerstäuberprobengetränkten Papierpappschnipsel balanciert und vor seinem Riecher auf- und niederwedelt und auf die Frage der buntuniformig gestylten Alt-Barbiepuppe, ob es etwas für die Dame sein solle, gelassen-gelöst souverän bestimmt: „Ja, aber nich so viel mit Moschus drin und nich holzig, meine Frau riecht nicht gern streng. Und bitte gleich als Geschenk verpacken!" Das verrät den Kenner, den (Ehe-)Frauen-Versteher, der hört und sieht grad vor seinem geistigen Auge die Dame seines Herzens unter den brennenden Baum kriechen, mit fest(lich) gewohntem Blick und sicherem Griff seine wohl überlegte Heiligabend-Gabe geschickt herausangeln, dabei in unge-künstelter Überraschungsmanier säuseln: „Ooh ‚wie hübsch verpackt.", sodann das kunstvoll gefaltete Silberglanzschleif-chen aufnesteln und nun endlich das spannungsbefreiende, erlösende „Ooh, mein Lieblings-Parrföngg!" murmeln! Ooh, Du Seelig-Ehe, Ooh Du Fröhlich-Ehe (seit 30 Jahren same procedure as … na Sie wissen schon). Beschwingt ob seines noch so gerade eben rechtzeitigen Einkaufsgeschenks, ein paar Pröbchen gab's noch obendrauf und drein, schlendert er vorfreudig übern Weihnachtsbasar gen Praxis, denn morgen, Kinder wird's was geben! Da ist noch Zeit, ne leckere von Ross und Rost entsprungene Thüringer mit Senf (klecker-klecker auf die weiße Hose) in einem Glase Glühwein im Intestinum baden zu lassen, als Dessert Hefe-Mutzenmänn-lein hinterher und für das treue Praxisteam ein Tütchen ge-brannter Mandeln, lauwarm … Gönnen wir uns was, einmal im Jahr ist nur Christfestzeit. Machet auf das Praxistor: in den letzten Stunden haben sich eingefunden die lieben leiden-den, vorweihnachtlichen Notfälle. Adventskerzen-verbrannte

Kinderlein-kommet-Finger, nutritive Nuss- und Punsch-Allergiker, vor allem aber die grad heute dringenden und zwingenden Hautchecks wie auch die seit Monaten interdigital mazerierten Senk-Schweiß-Füße ... und nachdem Dickmadam oder Opa Meier in der festfeuchtfröhlichen Verabschiedung begriffen sind uns statt frohgestimmter Festtagswünsche noch mal eben so nebenbei ein "Ach wo ich schon mal grad da bin ..." entgegenfordern, als hätte uns nix anderes zu erfreuen, sich wieder aus ihren zwiebelschalartigen Klamotten und Korseletts herauspellen, um uns triumphierend zu dämontieren und demonstrieren, dass das schwarze Muttermal da an der Specklende – von uns seit ewig und drei Tagen noch grad vor wenigen Wochen erst wiedermal als gutartige Alterswarze diagnostiziert und dokumentiert – nun doch vom Chirurgen nebenan endlich mal gründlich untersucht und – besser ist es – großzügig rausoperiert wurde ... (man sieht's an der Riesennaht) und wir müssten ja nur noch die Fäden ziehen, hat er gesagt, er sei schon über alle Berge und Skipisten und auch erst nach Neujahr zurück ... Und so fummeln wir dann gutmütig die festgezurrten Einzelknopfnähte hervor, die sich tief wie Strippennetze im Rollbraten vergraben haben. „Autsch Auaaah! Beim Operieren beim Spezialisten hat das aber nicht so wehgetan!" Dann grollt und schmollt die Thüringer zwischen Schmalz- und Wiener Mandeln im Gedärm und grummelt: Rutsch mir doch den Buckel runter! So seh ich das und wünsche ich Ihnen, liebe Kolleginnen und Kollegen fröhliche Feier- und Festtage und nen guten Rutsch... ins neue Quartal!

praktisch heilen

Erste Hilfe

Einer Dame aus Badenweiler
der biss mal ihr Rottweiler
einfach nur so
in ihren Popo
da rannte sie rasch hin zum Heiler

anstatt mullener Verbände
legt der nur seine Hände
ihr auf den A .....
und murmelt barsch:
noch ein Weilchen, und dann hat's ein Ende

daraufhin sagt sie: ..auch
da unter dem Bauch
fassen Sie dort einmal hin
mit vergnüglichem Sinn
so selten ist das in Gebrauch

ein wenig verstohlen
tat er wie befohlen
mit nörgelnd Gebrumm
fummelte er dort herum
und kassieret dafür die Kohlen

knickknack

Einem Chiropraktiker aus Diehle
ermangelt es am Gefühle
anstatt rum zu renken
an den Gelenken
zerknackt er der Knochen zu viele

ach

Eine Bachblütlerin aus Hach
versteht noch nicht viel vom Fach
aus Kraut und Spinat
mixt die nen Salat
und erntet nur Weh, Ach und Schmach

hilfsbereit

Ein Naturheiler hinter den Bergen
heilt mit der Hilfe von sieben Zwergen
Schneewittchen zur Freud
ihre Unfruchtbarkeit
in neun Monaten
wird sie achte beherbergen

diätetisch

Eine Heilpraktikerin in Stade
versorgte mit Möhren-Pomade
und zwar roh
die Würmer im Po
jetzt sind im Po Maden tot, schade!

methodisch

Die Heilpraktikerin Carmen Harm
mit ihrem herb-trockenem Charme
entleert und ausleitet den Darm
ihrer Kundschaft zum kotz-erbarm
danach schröpft sie diese arm
selber sitzt sie schön trocken und warm

tricky

Die aparte Heilpraktikerin aus Kasche
spült mit einer goldenen Flasche
lässig und fair
den Darm total leer
dafür voll ihre Tasche mit Asche

gefühlvoll

Ein Heilpraktiker aus Kiel
befahl: Po frei! denn ich spül
Ihnen jetzt mal den Darm
drin wird's nass und ganz warm
und das ist ein Scheiß-Gefühl

televiewing

Ein Astrologe aus Herne
sieht gelegentlich tanzende Sterne
wenn ihm seine Braut
auf's Auge haut
dann sieht er sie nah und nicht ferne

fremd

Eine Astrologin aus Bern
die mochte Männer zu gern
dem Manne im Mond
hätt sie gern beigewohnt
doch der war vom anderen Stern

Resteverwertungen

uups

Einem Vegetarier aus Ruheskarl
dem stank sein fischiges Mahl
ein saurer Fisch
kam ihm auf den Tisch
der Aal war für ihn eine Qual

Ego

Die Nordsee-Nixe Helene
streichelt selbst sich Busen und Beene
keinen Fischermann
lässt die an sich ran
das macht sie am liebsten alleene

platonisch

An einem Abend mild und schwül
verliebte sich ein Molekül
aus ewig weiter Ferne
in des Uran-Atomes Kerne
mit Gefühl und viel Kalkül

cheese

grau

In deiner Zähne Katakomben
liegen bleischwer deine Plomben
sie lächeln mich an
aus Amalgam
und werden zu zeitlichen Bomben

kusstümiert

Two Ladies Liese und Lotten
die waren recht hart gesotten
statt zärtlicher Liebe
gibt's Peitschenhiebe
in schwarzen Lederklamotten

botanisch

Da war eine Dame aus Minster
voll erotischer Kopfgespinster
sie verführt jeden Mann
auch wenn er nicht kann
und verschwindet mit ihm hinterm Ginster

James Bond I

Der gebondete James 0 0 7
ist stets gentleman geblieben
er knallt sehr adrett
alles ab, auch im Bett
die Bond-Girls ihn dafür lieben

J.B. II

Die Bond-Girls so hübsch, jung und nett
sie lieben den Bond und sein Bett
er darf sie verführen
vielleicht deflorieren
dies tät er so gern bis zum Morgenrot
doch da sind die Damen
meist leider schon tot!

J.B. -fin-

Von James hört man nur leises Gejammer
traurig und trostlos pendelt sein Hammer
zu oft in Gebrauch, war sein fleißiger Schlauch
und früher auch fester und strammer

fin

Im Augenblick streikt's Reim-Geschick
eh ich verlier den Überblick
war dies für heute und zum Glück
der allerletzte Wimmerick
sic !

Die Damenrede

Verehrte Gäste, hier im Saal
Im Maienabend, an diesem Freitag
es folgt von Anno dazumal
in Verse-Form (m)ein Wörter-Beitrag :

Es will die gute Tradition
ich glaub seit Anno Tobac schon
dass einer auf den Sockel trete
und zu den Damen etwas rede
So will mit redlichem Bemühen
ich durch die Fakultäten ziehen
in denen wir einst alle saßen
und dabei dennoch nicht vergaßen
dass neben allem Wissensschatz
auch unsre Damen hatten Platz
und wie verschiedene Disziplinen
auf ihre Art den Damen dienen
Denn dieser Grundsatz steht doch fest
und kaum sich daran rütteln lässt:
Die Damen sind's die man verehrt
ein Studium generale wert !

Des Mathematikers Gemüt
erhellt sich, wenn er Frauen sieht

er sah in ihnen immer schon
die interessanteste Funktion
er untersucht sie nach reellen
und schönen singulären Stellen
am Tage rechnet er mit Zahlen
mit Differenz und Integralen
doch nächtlich legt er voll Talente
an manche Rundung die Tangente !

Der Chemiker, er fragt nicht nur
nach Reaktionen und Struktur
ihn interessiert bei allen Fragen
wie hat es wohl sich zu getragen?
Zum Beispiel bei der Ehegründung
sieht er sofort die Doppel-Bindung
und damit viele Möglichkeiten
den Weg der Ehe zu beschreiten
Gewöhnlich ist der Vorgang so
man trifft einander irgendwo
und man verspürt in Kürze schon
den Anfang einer Reaktion
die späterhin verläuft zugleich
im ganzen seelischen Bereich

und die daher als Phänomen
der Seelenwelt ist anzusehen

Ein Mensch, der groß in Mode heut
das ist der Mann als Pharmazeut
er hat für jeden Typ von Frau
stets was parat und zielgenau
mit seiner Kundin aller Klassen
freut er sich, wenn die hören lassen
Herr Apotheker, lieber Mann
weg sind rund zwanzig Kilogramm
und die Tinktur aus Leverkusen
die liftete mir Bauch und Busen
Ihr Pülverchen, das aus der Schweiz
das potenzierte meinen Reiz
und seit der letzten Ball-Premiere
da macht mein Mann ganz steil Karriere
er braucht nun nicht wie ehedem
in der Beförderungsschlange stehn
Seit Mai ist er Abteilungsleiter
die Pille half uns allen weiter
und wenn der Vatikan auch grollt
Hauptsache ist der Rubel rollt..
Der Pharmazeut hat es geschafft
belebet auch des Mannes Kraft
denn Pillen sind, das weiß der Kenner
der Rizinus für Laufbahnrenner !

Der Homo philosophicus
hat mit den Frauen viel Verdruss
er ist, da ihm sich Zweifel hegen
zum Teil dafür, zum Teil dagegen
meist sieht er sie nur als Idee
statt im Plissee am Kanapee
und ehe er es recht erwogen
ist oftmals sie davon gezogen
Selbst Sokrates der so gescheit
hat die Xanthippe einst gefreit
und weltberühmt ward sein Genie
teils durch den Geist und teils durch sie !

Sehr schwierig hat es der Jurist
sofern er nicht beamtet ist.
Für ihn ist jede Frau ein „Fall"
so überprüft er jedes Mal
ob er im Einzelfalle dann
den Fall auch übernehmen kann
und darin liegt doch irgendwo
für ihn das große Risiko
er soll statt mit den Paragraphen
doch besser selig bei ihr schlafen
schon manchen Mann hat über Nacht
ein solcher Fall zu Fall gebracht!

Der Psychologe macht es richtig
er testet Frauen nach Statistik
mit Chi-Quadrat und Median
schaut er sich erst die Dinge an.
mit dem speziellen Fragebogen
prüft er ob sie ihm auch gewogen
und legt sie dann perdutz, perdautsch
erst einmal lang, auf seiner Couch
dieweil befreit sie fabuliert
hat gründlich er analysiert
ob sie sich zieret zäh und ewig
und ob sie wirklich ehefähig
wenn glatt gestrichen sie ihr Mieder
dann heißt es: ..in zwei Wochen wieder !

Der Bergmann oder Bergassessor
hat es in jeder Hinsicht besser
für seine Liebe hat er ja
als sein Idol „Sankt Barbara"
sie ist für ihn das Ideal
die Praxis aber bleibt real
so lässt er Ideale schwimmen
Und sorgt nur, dass die Kohlen stimmen
Doch manch Hüttenmann hat Kenntnis
von Frauen und für sie Verständnis.
er pflegt sich gar nicht zu genieren
ich will hier nur den Spruch zitieren

den einst ein weiser Hüttenmann
als Schüttelreim so schön ersann:
was kümmern mich die Hütten-Leut
ich geh zu meiner Lütten heut!

So sprechen mit gesenktem Blick
das darf er nicht, der Katholik
als Kirchenmann und Theologe !
ihm ist die Bibel eine Droge
darin kennt er sich bestens aus
und fischt als studiosus raus
die vielen unanständ'gen Stellen
die seine Phantasie erhellen

Der Protestant, der darf das wohl
an Frauen und an Alkohol
sich herzlich freuen und später dann
sie freien als ihr Ehemann
doch Pater oder Kardinale
ereilen nie diese Schicksale
zu keiner Zeit - in allen Ehren -
werden Damen sie begehren.

Ein Mann der Fakultät rer. pol.
nimmt Frauen meistens nicht für voll
er lässt die Damen ungeschoren
obgleich sie Produktionsfaktoren
die mit der Mode , mit den Reizen
das Konsumentenfeuer heizen
wenn solo er die Wirtschaft testet
und seine Gläser munter restet
hebt er damit die Konjunktur
und mit ihm eigener Bravour
ölt er die ganze Wirtschaftskraft
mit Gersten – oder Rebensaft !

Bei Frauen sucht der Architekt
die Stil-Form, die in ihnen steckt
so mancher fühlt sich höchst gewogen
romanisch-runden Wölbe-Bogen
ein anderer ist mehr für Gotik
mit einem kleinen Schuss Erotik
der dritte liebt barocke Formen
entsprechend den berühmten Normen.
ein vierter wiederum ist froh
an Damen a la Rokoko
Doch Frauen vom Picasso-Typ
hat auch der Architekt nicht lieb
denn irgendwie erinnern sie
an Kunstfehler der Chirurgie !

Vom Mediziner, meine Damen
schweig besser ich in diesem Rahmen
zu diffizil ist das Kapitel
vom Manne in dem weißen Kittel
Ob Dr. Schulze, Müller, Bolle
ein Quäntchen noch von Oswald Kolle
ist jedem Arzt versteckt,
wenn Diagnosen er entdeckt
bei Frauen, die in jungen Tagen
schon über Herz-und Bauchweh klagen!

Nun der Maschineningenieur
der stellt die Damen selber her
auf seinem Reißbrett hat er schon
den neuesten Typ in Konstruktion
natürlich in Kompakt-Bauweise
zu äußerst kalkuliertem Preise
und selbstverständlich ist sie auch
besonders sparsam im Verbrauch
er will, wenn erst die Serien laufen
sie uns als „Volksfrau" gern verkaufen
es fragt sich allerdings auch dann
ob diese Type laufen kann..
es kann ja sein, dass sie nicht läuft
und den Betriebsstoff selber säuft!

So muss am Ende nun noch her
der Herr Elektro-Ingenieur
als studiosus fragt er schon
was sind die Frauen ohne Strom
der Strom von Zärtlichkeit und Liebe
ist mehr wert als ein Schaltgetriebe
denn welcher Mann wird gern bezahlen
für Damen, die nicht leuchtend strahlen
es geht nun der Elektromann
geschwind an seine Arbeit ran:
er stimmt die „Volksfrau" ab nun ganz
auf die gewünschte Resonanz
und für die Resonanz-Frequenzen
bezieht er nebenbei Lizenzen!

Die Kopfarbeiter dieser Stadt
wo Münster von so viele hat
das sind und bleiben die Beamten
mit heißen Herzen und entflammten
verehren sie die Damenwelt
ob wenig oder gar kein Geld
statt vieler Worte der Begrüßung
gehen über sie direkt zur Küssung
verordnen dann den Liebespakt
für einen raschen Liebesakt

dann packen sie die Akten ein
verschwinden auf Sankt Nimmerlein
in früher Morgenstunde
so pünktlich zur Sekunde.

Und damit bin ich nun am Schluss
den jeder Vortrag haben muss
Musik ist angenehm zu hören
doch ewig braucht sie nicht zu währen
so sagte einst schon Wilhelm Busch
ich ende hier - auch ohne Tusch
und möchte gern mein Glas erheben
auf das Wohl der Damen
Hoch sollen Sie leben !

Für die öffentliche Lesung „Als wär's mein bester Text", 3. Mai 2013 im Ratssaal des Stadtweinhauses Münster, anlässlich des Jahreskongress des Bundesverbandes Deutscher Schriftsteller-Ärzte BDSÄ e.V.

Hippokratisch?

Antwort:
honi soit qui mal y pense
oder ... der werfe den ersten Stein!

Hamburg im Mai 2013,
Claus Dreessen